HOMÈRE ADAPTÉ PAR MICHEL LAPORTE

12 récits de l'Iliade et l'Odyssée

Illustrés par Frédéric Sochard

Castor Poche Flammarion

Dans l'Antiquité grecque et latine, *L'Iliade* et *L'Odyssée* ont été ce que nous appelons aujourd'hui des best-sellers. Ce sont deux longs récits en vers qui, ensuite, ont été lus, admirés, traduits et imités dans à peu près toutes les langues.

Traditionnellement, on appelle leur auteur Homère. Mais nous savons peu de choses sur son compte. Plus ou moins l'époque à laquelle il a vécu : le milieu VIIIe siècle av. J.-C. L'endroit aussi : une ville côtière de l'actuelle Turquie. Une vieille tradition prétend aussi qu'il était aveugle.

Seulement les spécialistes disent qu'il y tant de différences entre *L'Iliade* et *L'Odyssée* que, très certainement, elles ne sont pas du même auteur. Mais ils ajoutent que, s'ils étaient deux, ils appartenaient peut-être à la même famille, ce qui serait une explication possible pour le nom unique.

Ce qui est certain, c'est qu'Homère n'a pas été le premier à raconter le siège de Troie, les événements qui s'y rattachent et les aventures d'Achille, Agamemnon, Hector et Ulysse. Avant qu'il ne se mette à écrire, ces histoires étaient déjà racontées et racontées, et ce, depuis des siècles probablement.

Il est assez facile de comprendre pourquoi. À l'époque, on n'avait pas beaucoup de distractions. Il y avait les musiciens, les conteurs et aussi des personnages qui combinaient ces deux talents. Ils faisaient à peu près le même métier que les troubadours et les trouvères du Moyen Âge : ils allaient dire ou chanter des poèmes chez les riches et les puissants. On les appelait des aèdes. Les poèmes qui avaient le plus de succès, c'étaient les poèmes d'action, ceux qui racontaient des bagarres, des combats, des aventures, des ruses…

Homère, lui aussi, était un aède. Il a recueilli des éléments relatifs à Troie et à Ulysse, les a arrangés à sa façon et les a mis par écrit. Et comme il avait du génie, il a réalisé deux chefs-d'œuvre qu'on a continué à lire après sa mort.

Il faut dire que ce qu'il raconte est passionnant parce qu'il s'y passe toujours quelque chose. Et aussi parce qu'on y voit vivre des êtres humains d'il y a plus de trois mille ans qui sont teigneux, mesquins, généreux, durs, sensibles, fragiles, forts. Étonnamment comme nous, en réalité.

On trouvera à la fin du livre, un *Petit « qui est qui » des hommes, des dieux, des lieux* permettant d'en savoir un peu plus sur les principaux acteurs et les décors de ces récits.

9

L'Iliade

Si *L'Iliade* avait été écrite par un Français, elle se serait sans doute appelée la Troiade ou la Troade. Car si nous appelons Troie la ville de Priam, dans le monde grec, on lui donnait plus volontiers le nom d'Ilion. D'où ce titre, Iliade, qui, il faut l'admettre, sonne mieux à l'oreille.

Le texte original comporte un très grand nombre de récits de combats. L'ennui c'est qu'ils se ressemblent tous. Le massacre que fait Patrocle, son face-à-face avec Sarpédon puis avec Hector se répètent à l'identique à propos de tous les héros ou presque. En fait, comme l'aède récitait juste un chant ou deux le temps d'une séance, il devait inclure assez régulièrement une dose suffisante de bagarre, pour passionner son auditoire.

Pour éviter la monotonie, on trouvera peu de combats dans les cinq récits qui suivent. En revanche, on y découvrira beaucoup d'éléments sur le quotidien des Grecs de l'époque homérique, leurs rites funéraires, leur vision du monde, leur rapport avec le sacré. C'est cet aspect concret qui continue de rendre l'œuvre d'Homère terriblement passionnante…

11

La colère d'Achille

Il y a déjà dix ans que les guerriers grecs ont débarqué sur les rives de Troie. Ils ont tiré au sec leurs vaisseaux, ont construit des baraquements, creusé un fossé de protection, élevé un rempart de terre. Et le siège a commencé, entrecoupé, parfois, d'expéditions de pillage vers les régions voisines. Un siège qui n'en finit pas car Troie résiste.

Mais comment cette guerre interminable a-t-elle commencé ?

Par un concours de beauté qui opposait Athéna, Héra et Aphrodite. Elles ont choisi pour juge Pâris Alexandre, le prince troyen, qui a offert la pomme de la victoire à Aphrodite. Il faut dire que la déesse de l'amour lui avait promis une récompense splendide : l'amour de la plus belle femme du monde, Hélène. L'ennui c'est que cette même Hélène était mariée avec Ménélas, le roi de Sparte, lequel a très mal pris la fuite de son épouse avec Pâris. À sa demande, tous les Grecs se sont alliés pour aller la reprendre.

Seulement, au moment où commence L'Iliade, *le bel enthousiasme du début est loin. Il se pourrait même que les relations entre les chefs des assiégeants ne soient plus au beau fixe…*

Dans le camp grec, près des vaisseaux, un vieil homme en larmes implore les chefs grecs avec insistance. C'est Chrysès, le prêtre d'Apollon. Il est venu pour racheter sa fille unique, Chryséis, que les Grecs ont emmenée comme captive. Il apporte avec lui une énorme rançon et supplie les Achéens en ces termes :

— Puissent les grands dieux de l'Olympe vous permettre de prendre Troie et ensuite de revenir heureusement chez vous ! Puissiez-vous aussi, par égard pour Apollon, libérer ma chère fille en échange de cette rançon !

À l'entendre, tous les Grecs sont d'avis d'accéder à sa demande, d'accepter la rançon et de rendre la jeune fille. Mais cette solution déplaît à Agamemnon. C'est à lui que le tirage au sort a donné Chryséis lorsqu'on a partagé le butin.

Aussi s'emporte-t-il violemment contre Chrysès :

— Que je ne te voie plus traîner près des bateaux, lui lance-t-il avec aigreur. Ta fille, je ne la libérerai pas ! Je l'emmènerai à Argos avec moi et la vieillesse l'atteindra dans ma demeure. File, si tu tiens à demeurer valide !

Effrayé, le vieillard s'empresse d'obéir : il s'en va tristement rejoindre son navire en longeant la mer déferlante. Mais sitôt qu'il est loin du roi grec, il invoque le dieu qu'il sert :

— Écoute-moi, Apollon ! Si tu te plais dans le temple que je t'ai bâti, si tu aimes les cuisses de taureaux et de chèvres que je fais brûler pour toi, exauce mon vœu : fais payer mes larmes aux Grecs avec tes flèches !

Apollon entend sa prière. Très en colère, il descend de l'Olympe, l'arc sur l'épaule et le carquois bien rempli. Il se poste non loin des vaisseaux, décoche une première flèche qui jaillit en sifflant. Elle atteint les mulets et les chiens. Mais la seconde flèche frappe les hommes eux-mêmes. Et bientôt, il faut allumer des bûchers en grand nombre pour brûler toutes les victimes de la colère du dieu.

Neuf jours durant, les flèches partent sur l'armée ; les guerriers tombent malades et meurent les uns après les autres.

Quand vient le dixième jour, Achille rassemble les troupes et les chefs pour leur dire :

— Je crains que nous ne devions bientôt rentrer chez nous, ceux du moins qui échapperont à la mort, car la peste nous laissera trop peu nombreux pour continuer le siège. À moins que Calchas, le devin, ne nous dise pourquoi Apollon est irrité à ce point.

Ainsi interpellé, Calchas, se lève pour déclarer :

— Achille, tu me demandes d'expliquer la colère d'Apollon. Je vais donc parler. Mais jure-moi de m'accorder ta protection ensuite. Car je vais irriter l'homme qui commande les Achéens.

— Sois tranquille, réplique Achille, et dis-nous sans crainte ce que tu sais des volontés divines.

Alors Calchas, quoique à moitié rassuré seulement, déclare :

— Si Apollon vous inflige ces souffrances, c'est à cause de l'offense qu'Agamemnon a faite à son prêtre. Il n'éloignera pas ce terrible fléau du camp tant que la jeune Chryséis n'aura pas été rendue à son père, sans marché ni rançon.

Ayant ainsi parlé, Calchas se rassoit. Et aussitôt, Agamemnon se dresse, plein de rage. C'est à Calchas qu'il s'en prend d'abord.

— Oiseau de malheurs, je ne t'ai jamais entendu annoncer ce que mon cœur désirait entendre ! Au contraire, ce sont maux après maux que tu prends plaisir à prédire ! Et aujourd'hui encore, tu proclames que si Apollon frappe les Grecs, c'est de ma faute !

L'assemblée l'écoute en silence. Personne n'ose prendre ouvertement le parti de Calchas mais on sent bien, à quelques murmures, que beaucoup lui sont favorables. Aussi, Agamemnon, de sa voix forte, continue-t-il en s'adressant aux Grecs :

— Sachez-le, vous tous, je tiens beaucoup à garder Chryséis. Mais si cela doit apaiser le dieu, je consens pourtant à la rendre. Seulement, il faudra me donner un dédommagement car je ne veux pas être le seul à me retrouver sans butin.

Achille aussitôt lui répond :

— Comment faire pour te dédommager ? Les richesses que nous avions pillées dans les villes ont été partagées. Laisse partir cette fille. Nous te dédommagerons au triple et au quadruple quand nous pillerons Troie.

Mais Agamemnon ne veut rien entendre.

— N'essaie pas de me prendre par de belles paroles ! Tu voudrais que je sois privé de mon butin tandis que toi tu garderais le tien ? Il n'en est pas question ! Si on ne m'accorde pas une compensation d'égale valeur, j'irai prendre ta propre part ou celle d'Ajax, ou d'Ulysse. Mais avant d'y songer, voici ce que je propose de faire : tirons un vaisseau dans la mer, rassemblons-y des rameurs et embarquons-y

Chryséis, qu'elle reparte au plus tôt chez son père. Ainsi Apollon sera satisfait et cessera de nous frapper.

Mais Achille n'est pas convaincu. En lui lançant un regard de travers, il reprend :

— Ah ! comment obéir à tes ordres quand on sait que tu cherches seulement le profit ? Si je suis venu me battre, ce n'est pas à cause des Troyens qui ne m'ont jamais fait de tort, c'est pour te suivre, face de chien ! Mais cela, tu l'oublies et tu menaces de m'enlever ma part de butin ! Je vais donc regagner ma patrie avec mes hommes car je n'ai pas l'intention de rester ici pour t'enrichir !

— Fuis si ton cœur t'y pousse ! Ce n'est pas moi qui te retiendrai. De tous les rois grecs, tu m'es le plus odieux car tu cherches toujours la dispute ! Retourne donc chez toi avec tes vaisseaux et tes compagnons ! Mais avant, voici ce que je vais faire : je vais pénétrer moi-même sous ta tente et j'emmènerai Briséis, la captive que tu as reçue comme part du butin. Ainsi, tu sauras à quel point je te suis supérieur !

Sur le coup, la colère submerge Achille. Il hésite. Va-t-il se retenir et calmer son exaspération ou y céder et dégainer son glaive pour abattre l'Atride ?

Déjà, il tire l'épée du fourreau quand Athéna arrive du haut du ciel. Visible pour lui seul, elle le tire par les cheveux. Surpris, Achille se retourne et, reconnaissant la déesse, lui dit :

— Pourquoi donc es-tu venue ? Est-ce pour constater l'insolence d'Agamemnon ? Mais je vais te dire, son arrogance pourrait lui coûter la vie sans plus attendre !

— Calme ta fureur, Achille ! répond la déesse. Héra m'a envoyée vers vous car elle vous aime également tous les deux. Ne tire pas l'épée. Contente-toi d'outrager Agamemnon en paroles. Un jour, tu recevras de lui trois fois autant de présents pour te dédommager de l'affront qu'il t'a fait. En attendant, retiens-toi !

— Si Héra et toi êtes d'accord pour m'interdire la colère, je me soumets, répond Achille en replaçant son épée dans le fourreau, car celui qui obéit aux dieux est exaucé par eux en retour.

Satisfaite d'avoir réussi sa mission, Athéna n'attend pas plus longtemps pour remonter vers l'Olympe.

Se tournant à nouveau vers Agamemnon :

— Sac à vin ! lui lance Achille, tu as le courage d'une biche ! Parce qu'il est plus facile de dépouiller tes alliés que de conquérir des trophées au combat ! Mais, je te le déclare, le jour est proche où tu regretteras cruellement d'avoir spolié le plus vaillant des Achéens !

Sur quoi, Achille s'assoit et lui tourne le dos. De son côté, Agamemnon persiste dans son irritation comme dans ses intentions. C'est alors que Nestor, le plus vieux des rois grecs, et le plus sage, prend la parole :

— Ah ! il serait content Priam, le roi de Troie, et ses fils avec lui, s'il vous voyait vous quereller comme des chiots ! Cessez donc cette dispute ridicule ! Toi, Agamemnon, ne lui enlève pas cette jeune fille. Et toi, Achille, ne cherche pas querelle à l'Atride qui est plus puissant, puisqu'il commande à des sujets plus nombreux.

Aussitôt Agamemnon reprend la parole pour dire :

— Tu as raison, Nestor. Ce que tu dis est la sagesse même. Mais cet homme-là veut être au-dessus de nous tous. Et moi, je ne lui céderai pas !

Achille l'interrompt alors :

— Je ne me battrai pas pour cette jeune fille, ni contre toi, ni contre un autre. Mais des autres biens que je possède, tu ne m'en raviras aucun. Et si tu t'imagines seulement d'essayer, ton sang jaillira tout autour de ma lance.

Sur quoi les deux héros se lèvent et regagnent leurs quartiers pendant que l'assemblée se disperse.

Sans perdre un moment, Agamemnon, comme il l'a dit, donne l'ordre de mettre un vaisseau rapide à la mer. Il choisit vingt rameurs, fait monter Chryséis à bord. C'est Ulysse qui s'embarque en qualité de chef. Et bientôt le navire s'éloigne sur les routes humides.

À peine est-il hors de vue que, déjà, Agamemnon demande à deux de ses serviteurs :

— Allez à la tente d'Achille. Prenez Briséis par la main et amenez-la-moi. Si Achille refuse de la céder, j'irai la prendre moi-même avec mes soldats et il lui en cuira.

À contrecœur, les serviteurs lui obéissent. Ils longent la plage et atteignent le camp des Myrmidons*. Ils trouvent Achille assis près de sa tente. Quand il les voit arriver, la désapprobation se lit sur son visage. De leur côté, ils n'en mènent pas large. Ils s'arrêtent à distance respectueuse et, les bras ballants, attendent qu'Achille dise ou fasse quelque chose. Mais lui ne bouge pas, ne dit rien.

Au bout d'un long moment, l'un des deux se hasarde :

— Salut Achille semblable à un dieu ! Notre maître, Agamemnon, nous envoie.

Levant la tête, il les regarde et comprend ce qu'ils sont venus faire.

— Salut ! leur répond-il. Approchez sans avoir de crainte. Car ce n'est pas vous que je considère comme coupables mais votre maître !

Se tournant vers Patrocle, il l'appelle d'un geste et l'envoie sous la tente, chercher Briséis. Avec empressement Patrocle lui obéit. Il fait

* Peuple de Thessalie sur lequel règne Achille.

sortir Briséis aux belles joues et la remet aux deux envoyés pour qu'ils l'emmènent.

Les deux messagers s'en retournent auprès d'Agamemnon en longeant les vaisseaux. Bien malgré elle, la jeune captive les suit. Achille, alors, en pleurant, s'écarte de ses compagnons et va s'asseoir sur le sable de la grève. Les yeux tournés vers le large, il appelle et implore Thétis, sa mère bien aimée.

— Mère, s'exclame-t-il, puisque je suis né pour avoir une vie très courte, Zeus pourrait m'accorder un peu de gloire en échange ! Or aujourd'hui même Agamemnon a bafoué mon honneur en me volant la jeune captive que les Grecs m'avaient donnée comme ma part de butin.

Du fond de la mer, où elle est assise auprès de son vieux père l'Océan, sa mère l'entend. Elle jaillit de l'onde écumante et comme un léger nuage, vient s'asseoir près d'Achille.

— Mon enfant, lui demande-t-elle, pourquoi pleures-tu ?

— Pourquoi te raconter ce que tu sais ? répond Achille en gémissant. On vient d'emmener la jeune Briséis que m'avaient donnée les Achéens. Si tu le peux, porte secours à ton fils. Va sur l'Olympe implorer Zeus. Demande-lui de soutenir les Troyens. Qu'ils repoussent les Grecs et les fassent reculer jusqu'au bord de la mer ! Ainsi Agamemnon comprendra-t-il sa folie.

— Hélas ! mon enfant, je ne t'ai enfanté et élevé que pour le malheur ! Mieux vaudrait pour toi que tu quittes tout de suite ce rivage. Toutefois, puisque tu le demandes, je vais me rendre sur l'Olympe pour exposer ta prière à Zeus.

Pendant ce temps, le navire qui ramène Chryséis à son père a atteint sa destination. Le vieux prêtre, tout heureux de revoir son enfant chérie, fait à Apollon une nouvelle prière.

— Cette fois encore, demande-t-il, accorde-moi ta faveur. Dès maintenant écarte des Grecs le fléau que tu leur as envoyé.

Apollon entend sa prière et s'empresse de l'exaucer. Dans le camp, les hommes cessent de mourir et la fumée noire des bûchers n'obscurcit plus le ciel au-dessus des vaisseaux.

De son côté, Thétis tient sa promesse sans plus tarder. Elle s'élève vers les hauteurs de l'Olympe où elle trouve Zeus assis à l'écart des autres divinités, sur le sommet le plus haut. Elle s'agenouille devant lui, lui saisit les genoux et dit :

— Zeus Père, exauce ce vœu. Permets aux Troyens de l'emporter au combat jusqu'à ce qu'Agamemnon reconnaisse sa faute et répare le tort qu'il a fait à mon fils.

Un long moment Zeus reste silencieux avant de répondre :

— Ah ! je crains de très sérieux embarras car Héra soutient les Grecs et je vais m'en faire une ennemie. Déjà qu'elle me cherche querelle sans arrêt en prétextant sans raison que je soutiens les Troyens. Retire-toi avant qu'elle ne te voie. Je vais réfléchir à la façon dont je pourrai exaucer ta prière.

Thétis alors, du haut de l'Olympe éclatant, replonge dans le sein profond de la mer tandis que Zeus regagne sa demeure et se rassoit sur son trône. Mais, à son air, Héra devine que quelque chose se passe.

— Quelle divinité est encore venue comploter avec toi ? Tu passes ton temps à me tenir à l'écart de tes projets et à décider des choses que tu veux garder secrètes.

Le Père des hommes et des dieux lui répond alors :

— Ne cherche pas à tout savoir de mes projets. S'il y en a un qui te regarde, aucun dieu ne le connaîtra avant toi. Mais ceux que je forme sans consulter les dieux, je te prie de ne pas chercher à les connaître.

— Que dis-tu là ? Je crains beaucoup que Thétis ne t'aie convaincu et que tu lui aies promis d'honorer Achille au détriment des Achéens.

Zeus lui répond :

— Je ne puis rien te cacher ! Mais si j'ai promis de faire ce que tu crois, c'est que cela me plaît. Aussi je te conseille de ne pas te mettre en travers de mes décisions.

Très en colère, Héra s'apprête à répliquer quand Héphaïstos la fait taire en lui disant :

— Mère, ne vous cherchez pas querelle, Père et toi, pour de simples mortels. Songez qu'ils n'en valent pas la peine et essayez plutôt de vous remettre d'accord.

Alors Héra sourit et fait signe de la tête qu'elle laissera Zeus faire comme il l'entend. Héphaïstos, aussitôt, verse le doux nectar à tous les dieux. Bientôt, un rire inextinguible les saisit en le voyant courir, tout essoufflé, de l'un à l'autre.

Tout le reste du jour, sur l'Olympe, ils festoient. Et l'appétit ne leur fait pas défaut, ni la musique de la cithare que tient Apollon, ni le chant des Muses. Puis, comme la lumière du soleil décline, les dieux, désireux de dormir, se retirent chacun chez soi. Zeus alors se dirige vers sa couche et y monte pour s'endormir, avec, à ses côtés, Héra aux grands yeux de génisse.

27

La mort de Patrocle

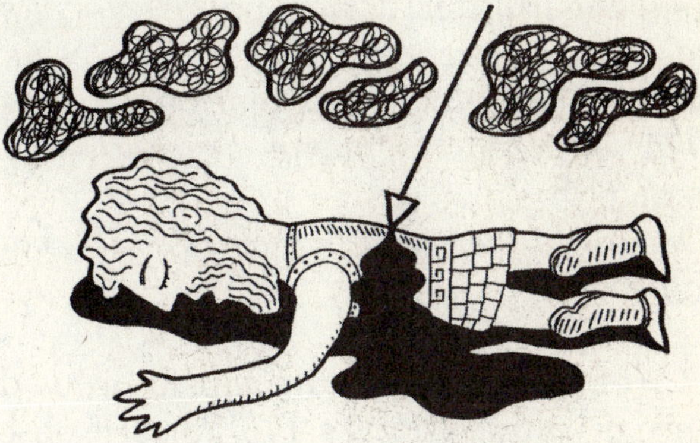

Résumé des épisodes précédents.

Depuis presque dix ans, les Grecs assiègent Troie. Sans résultat. Bien défendue, bien protégée par ses murailles, bien alimentée par son riche arrière-pays, la ville de Priam et d'Hector résiste.

Et voilà que deux des principaux chefs grecs, Agamemnon et Achille entrent en conflit pour une sombre histoire de partage de butin. Après une discussion très orageuse, Agamemnon s'empare de la belle Briséis qui avait pourtant été attribuée à Achille. Révolté par cet abus de pouvoir, Achille a décidé de ne plus prendre part au combat.

Pour les Troyens, c'est une aubaine dont ils savent profiter. Menés par Hector, ils ne tardent pas à prendre le dessus sur les assiégeants, les acculent dans leur camp, près de la mer et menacent même d'incendier leurs bateaux.

Devant la menace, comment Achille va-t-il réagir ?

Debout près d'Achille, sur la proue d'un navire tiré au sec sur le sable, Patrocle observe la bataille. Et ce qu'il voit lui arrache soudain des larmes.

En le voyant pleurer, Achille est ému. Il demande :

— Pourquoi sanglotes-tu comme une petite fille qui court après sa mère et s'agrippe à son manteau pour qu'elle la prenne dans ses bras ? As-tu reçu de mauvaises nouvelles du pays ? Il y aurait de quoi être triste si nos pères étaient morts mais on dit qu'ils sont toujours vivants. Ou bien est-ce sur le sort des Grecs que tu verses des larmes ? Parle, ne me cache rien de ta pensée !

Alors Patrocle répond en gémissant :

— Hélas, les meilleurs parmi les Grecs tombent morts ou blessés. Et toi, tu restes inflexible. Ton père n'était pas Pélée, ni ta mère, Thétis. Non ! Ce sont des rocs qui t'ont mis au jour pour que tu sois aussi insensible ! Moi, je ne peux plus supporter d'assister sans rien faire à la déroute de nos amis. Je t'en prie, laisse-moi aller au combat. Envoie l'armée des Myrmidons avec moi et permets-moi de revêtir ta cuirasse. En me prenant pour toi, les Troyens cesseront peut-être leur offensive, ce qui permettra aux Achéens de souffler un peu.

— J'ai juré que ma colère ne cesserait jamais, répond Achille, mais je ne pensais pas que les Troyens viendraient aussi près des vaisseaux. Fais comme tu l'as dit : mets ma cuirasse et mon casque, prends mes armes et conduis les Myrmidons au combat pour empêcher les Troyens de mettre le feu à nos navires, ce qui nous empêcherait de repartir d'ici. Mais dès que tu auras éloigné l'ennemi des vaisseaux, reviens. Prends garde à la griserie du combat qui pourrait t'inciter à poursuivre les Troyens en menant l'armée vers Ilion.

Pendant qu'ils parlent ainsi, le grand Ajax qui défend l'accès à la grève commence à plier sous le nombre. Assailli de tous côtés, il est à bout de forces, la sueur ruisselle en abondance sur tous ses membres. Et voici qu'Hector s'avance. Il frappe la lance d'Ajax avec son épée et en coupe la pointe tout net. Désarmé, Ajax doit reculer précipitamment.

Avec de grands cris de victoire, les Troyens déferlent pour lancer des torches enflammées sur les navires. Bientôt, le feu crépite et de la fumée noire monte vers le ciel.

Quand il voit que des bateaux brûlent, Achille presse Patrocle.

— Dépêche-toi de t'équiper, je vais rassembler les hommes !

Alors, Patrocle se cuirasse de bronze rutilant. Il entoure ses jambes de cnémides* qu'il attache aux chevilles par des agrafes d'argent. Ensuite, il se couvre la poitrine d'une étincelante cuirasse. À son épaule il accroche l'épée de bronze ornée de clous d'argent et le

* Sorte de chaussure montante destinée à cuirasser le bas des jambes.

large bouclier. Pour finir, il pose sur sa tête le casque surmonté d'une queue-de-cheval.

Puis, s'armant de deux lances, il ordonne à Automédon d'atteler les chevaux sans délai.

Pendant ce temps, Achille va de tente en tente rameuter les Myrmidons et leur demander de s'armer. Bientôt, les voici prêts au combat, semblables dans leur détermination à une horde de loups dévorateurs de chair crue.

Dès qu'il les voit bien rangés derrière tous leurs chefs, Achille les interpelle en ces termes :

— Myrmidons ! vous m'avez reproché ma colère, qui vous condamnait à l'inaction ! Mais aujourd'hui, la bataille que vous appeliez de vos souhaits s'offre à vous. Allez donc vaillamment combattre les Troyens !

À mesure qu'il parle, les rangs se resserrent. Le bouclier vient toucher le bouclier, le casque, le casque et l'homme, l'homme. L'armée alors se met en marche. En avant de tous, va Patrocle, sur le char que conduit Automédon.

De son côté, Achille gagne sa tente. Il tire d'un coffre une coupe dans laquelle nul autre que lui ne boit jamais. L'ayant remplie de vin, il verse la libation* au sol en regardant le ciel.

— Zeus, dit-il, une première fois, tu as exaucé ma prière. Fais-le à nouveau aujourd'hui ! J'envoie Patrocle, mon cher compagnon, se battre. Donne-lui de refouler les Troyens loin des navires et de me revenir ensuite sain et sauf, avec tous mes soldats !

Zeus entend bien sa prière. Seulement il n'accorde qu'une partie seulement de ce qu'Achille demande. Malgré toute sa puissance, il ne peut pas changer le destin des hommes…

Dans la plaine, les Myrmidons avancent en rangs cuirassés. Bientôt, ils arrivent au contact des Troyens qu'ils chargent comme des guêpes furieuses. Patrocle les encourage de ses cris.

En l'apercevant, les Troyens croient qu'Achille a enterré sa colère et qu'il est revenu au combat. Tous se mettent à chercher des yeux par où lui échapper.

Mais déjà Patrocle lance son javelot, droit devant lui, à l'endroit où les Troyens sont

* Action de répandre un liquide pour rendre hommage à une divinité.

les plus nombreux. Il atteint Pyræchmès, le roi des Péoniens, qui tombe sur le dos, dans la poussière. Leur chef mort, le désarroi s'empare des Péoniens qui rompent le combat.

Dans l'autre camp, le soutien qu'ils reçoivent ranime l'ardeur belliqueuse des Grecs. Ils repartent en avant, bousculant des Troyens qui reculent mais pas après pas seulement. Cela suffit, pourtant, à les écarter des vaisseaux. Le feu qui menaçait de les dévorer s'éteint.

La mêlée devient ardente et confuse. Patrocle frappe Aréilycos à la cuisse, Ménélas blesse Thoas à la poitrine, Mégès déchire le haut de la jambe d'Amphiclos, perçant le muscle le plus épais. Quant aux fils de Nestor, l'un, Antiloque, perce le flanc d'Atymnios avec sa lance aiguë, l'autre, Thrasymède déchire l'épaule de Maris jusqu'à l'os d'un coup d'épée.

Tels sont les chefs des Grecs qui défont chacun un guerrier. Et derrière eux, le reste de l'armée fond sur les Troyens à l'instar d'une meute de fauves attaquant un troupeau. Le combat change d'âme et les Troyens, désemparés, ne songent plus qu'à s'enfuir.

Le grand Ajax, de son côté, cherche à abattre le fils du roi Priam, Hector, qui est, de loin, le plus redoutable des Troyens. Mais lui, bien à l'abri sous son large bouclier, entend siffler les javelots qui ne l'effleurent pas. Il voit néanmoins les Troyens refluer en désordre vers les solides remparts de la ville et comprend que la victoire a déserté son armée.

Patrocle, lui, rameute ses hommes sans cesse et les dirige partout où la lutte est la plus âpre. Sur son passage, des ennemis tombent la tête la première de leur char, à grand bruit.

Opérant alors un mouvement tournant, il revient en arrière vers la mer de façon à couper de leur base les combattants les plus avancés. Pareil à une nuée d'orage, il va de l'avant en fauchant de sa lance d'abord Pronoos, puis Thestor, dont il perce la mâchoire en lui brisant les dents. Vient ensuite le tour d'Erylaos qu'il atteint au front avec une lourde pierre. Sous le choc, la tête du malheureux se fend en deux sous le casque. Puis ce sont Érymas, Amphotère et Épaltès, Tlépolème, Échios et Pyris, Iphée, Évippos et

Polymèle, que Patrocle couche au tombeau l'un après l'autre.

En voyant ses compagnons d'armes tomber sous les coups de Patrocle, Sarpédon interpelle ses soldats en ces termes :

— Honte à vous, Lyciens ! où fuyez-vous ? Moi, je veux l'affronter pour savoir lequel des deux l'emporte sur l'autre.

Sur quoi, il saute tout armé de son char tandis que Patrocle, en le voyant faire, bondit lui aussi à terre.

Tels des aigles aux becs crochus et aux serres acérées qui se disputent âprement le sommet d'un piton, Patrocle et Sarpédon se ruent l'un sur l'autre en lançant de grands cris.

Du haut du ciel, Zeus les voit faire et dit à Héra, son épouse :

— Hélas ! le destin de Sarpédon, cet homme qui m'est cher entre tous, est d'être tué par Patrocle ! Que faire ? Dois-je l'arracher au combat pour le ramener vivant en Lycie ou le laisser subir son triste sort ?

La vénérable Héra le reprend en ces termes :

— Que dis-tu là ? Tu veux arracher à la mort un mortel dont le destin est fixé depuis longtemps ! Fais-le, si ça te plaît, mais en sachant bien que les autres dieux ne t'approuveront pas. Les fils d'Immortels sont nombreux à se battre sous les murs de Troie. Si tu épargnes Sarpédon, les autres dieux voudront aussi sauver leurs rejetons. Songe au désordre que cela créera. Allons ! Suis plutôt mon conseil : abandonne-le à son sort, tout cher qu'il t'est !

Zeus doit admettre qu'elle a raison. Il fait alors pleuvoir des gouttes de sang sur la terre, en hommage à ce fils qu'il va perdre par la main de Patrocle.

Les guerriers, eux, ont marché sus l'un à l'autre. Patrocle frappe le premier ; sa pique atteint Thrasydème, le serviteur de Sarpédon, au ventre. Sarpédon riposte aussitôt ; il manque Patrocle mais son javelot touche le cheval Pédase à l'épaule droite. Le coursier tombe en hennissant dans la poussière. Au même moment, sa vie s'envole. Les deux autres chevaux font un écart, le joug grince, les rênes s'emmêlent. Mais Automédon sait réparer ce mal. Il tire son épée, tranche les rênes de Pédase. Aussitôt les deux autres chevaux tendent les longes ; le char bouge à nouveau pendant que les deux héros poursuivent leur lutte homicide.

Une seconde fois, Sarpédon manque Patrocle : la pointe de sa lance frôle son épaule gauche sans la toucher. Patrocle, à son tour, expédie sa pique de toutes ses forces. La pointe de bronze vient heurter le Lycien à la poitrine, juste à l'endroit du cœur.

Sarpédon s'effondre au sol, de tout son long, comme s'abat un chêne ou un pin des montagnes que les charpentiers ont attaqués de leurs haches aiguisées. Grinçant des dents et saisissant à pleines mains la poussière rougie par le sang, il se débat et appelle ses compagnons :

— Mon bon Glaucos, crie-t-il, viens me défendre ! Car je serais un sujet de honte pour toi si les Achéens me ravissaient mes armes !

Ce sont ses derniers mots car en les prononçant, il expire. Glaucos, qui les entend, éprouve une douleur atroce : la blessure que lui a infligée Teucer l'empêche de combattre. Révolté par son impuissance, il se met à prier Apollon :

— Seigneur ! Tu vois ma blessure : je ne parviens plus à tenir ma lance ! Comment défendre la dépouille de Sarpédon, mon compagnon ! Si Zeus ne défend pas ses enfants, toi du moins, endors mes souffrances et donne-moi la force de combattre.

Apollon aussitôt exauce sa prière et insuffle dans son âme une ardeur renouvelée. Dès lors, Glaucos se rend auprès des principaux chefs troyens, Agénor, Énée, Hector.

— Avez-vous complètement oublié que si vos alliés perdent leur vie loin de leur patrie, c'est pour vous ? Allons ! amis venez près de Sarpédon que Patrocle a couché dans la mort. Empêchons les Grecs de ravir ses armes et d'outrager son cadavre.

En l'entendant, la honte et la douleur envahissent les Troyens car Sarpédon était le soutien de leur ville, tout étranger qu'il était. Aussi se portent-ils en masse contre les Achéens avec Hector à leur tête. Les Grecs, de leur côté, brûlent de l'envie d'enlever le cadavre et les armes du roi lycien.

Des deux côtés, donc, Troyens et Lyciens, Myrmidons et Achéens resserrent leurs rangs.

Puis, poussant une clameur féroce, ils s'élancent pour combattre.

Dans le vacarme assourdissant du bronze et du cuir que heurtent les épées et les piques, le premier assaut des Troyens fait reculer leurs adversaires. Mais sous l'impulsion de Patrocle, ces derniers se ressaisissent aussitôt et regagnent peu à peu le terrain perdu. Autour du cadavre, les combattants se pressent comme des mouches bourdonnantes. Quant à Sarpédon, tout recouvert qu'il est de sang, de poussière et d'armes brisées, il est devenu méconnaissable.

Bientôt, c'est au tour des Troyens de plier. La vaillance se retire du cœur d'Hector et de ses hommes : ils comprennent de quel côté incline la faveur des dieux qui président au combat. Déjà, ils commencent à refluer vers l'abri et les remparts de Troie. Les Lyciens sont les derniers à résister. Puis, brusquement, ils cessent de se battre quand ils voient que les Achéens dépouillent Sarpédon de ses armes.

Cependant Zeus n'a pas quitté la bataille des yeux. Quand il voit que les Grecs vont s'emparer du cadavre de son rejeton, il ordonne à Apollon :

— Va emporter Sarpédon du champ de bataille. Lave-le du sang qui le recouvre puis enduis-le d'ambroisie et habille-le de vêtements divins. Confie-le ensuite à ces jumeaux que sont le Sommeil et la Mort. Qu'ils le ramènent en Lycie. Là ses frères et ses parents lui rendront les ultimes devoirs en lui donnant un tombeau.

Aussitôt, Apollon lui obéit. Il descend dans la mêlée, soustrait le cadavre de Sarpédon à la convoitise des Grecs puis fait tout exactement comme Zeus le lui a demandé.

Patrocle, cependant, oublie les sages conseils d'Achille. Le voici qui s'élance dans la plaine aux trousses des Troyens et des Lyciens. Mais comment résisterait-il ? C'est la volonté de Zeus qui le pousse et elle est plus forte que celle d'un mortel.

Nombreux sont alors ceux qu'il abat et dépouille, lui qui ne sait pas que, déjà, les dieux l'appellent à mourir ! Ce sont d'abord Adraste, Autonoos et Échéclos puis Périmos, Épistor et Mélanippe et ensuite Élasos, Moulios et

Pylartès. Les autres, pris de panique, ne pensent qu'à fuir devant lui et se sauver.

Dès lors, personne ne semble plus pouvoir empêcher Patrocle de pénétrer dans Troie tant sa lance, autour de lui, fait le vide. Personne, sauf Apollon qui, debout sur le rempart, est venu précipitamment secourir les Troyens. Car, à trois reprises, Patrocle saute pour prendre pied sur une saillie de la muraille et, chaque fois le dieu le repousse en frappant son bouclier de ses mains immortelles. Une quatrième fois, pourtant, Patrocle va bondir quand Apollon lui dit :

— Retire-toi, Patrocle ! Le destin de Troie n'est pas d'être renversée par ta main !

Et Patrocle, aussitôt, fait marche arrière pour se mettre à l'abri de la colère divine.

De son côté, Hector a demandé à Cébrion, son cocher, de tenir ses chevaux immobiles. Il hésite. Va-t-il continuer le combat ou crier aux guerriers de se replier derrière les remparts ?

Soudain, Apollon se dresse près de lui. Il a pris l'allure d'Asios, l'oncle maternel d'Hector et lui demande :

— Pourquoi t'arrêtes-tu de combattre ? Il ne le faut pas. Dirige plutôt tes chevaux sur Patrocle et vois si tu peux le battre.

Sur ces mots, le dieu s'éloigne en fendant la foule des combattants. Au passage, il sème le trouble chez les Grecs. En le voyant ainsi avancer, Hector donne l'ordre à Cébrion de lancer les chevaux. Passant au milieu des ennemis sans même en tuer un seul, il fonce droit sur Patrocle.

En le voyant approcher, Patrocle saute à terre, fait passer sa pique dans la main gauche. De la droite, il saisit une grosse pierre et la jette. Le projectile touche Cébrion à la tête. Les deux sourcils sont emportés, l'os se brise et les deux yeux tombent dans la poussière. Le cocher lui-même bascule lentement du char tandis que la vie abandonne son corps.

Alors, Patrocle s'écrie en riant :

— Grands dieux ! quel beau plongeon ! S'il se trouvait en mer, un tel homme pourrait nourrir du monde en sautant du bateau pour pêcher des coquillages.

Poussant un cri de rage, Hector saute à terre à son tour pour engager le corps à corps avec Patrocle sur le cadavre de Cébrion. Tels deux lions affamés se disputant une biche égorgée, ils tentent tous les deux d'entamer la chair de l'autre avec le bronze impitoyable.

Autour d'eux, la mêlée devient furieuse, semblable à la tempête qui, sur le flanc d'une montagne, brise les branches à grand bruit et déracine hêtres, frênes et cornouillers.

Patrocle se rue sur les Troyens à trois reprises et chaque fois, pour leur malheur, il en tue neuf. Mais quand il s'élance pour la quatrième fois, Apollon s'interpose de nouveau. Patrocle n'a pas vu le dieu qui avance au milieu d'une épaisse nuée. Apollon s'arrête derrière lui et, du poing, le frappe violemment dans le dos. Sous le choc, Patrocle titube, ses yeux se brouillent, son casque roule de sa tête, sa lance à pointe de bronze se brise. Le bouclier se détache de son épaule et tombe à terre en même temps que sa cuirasse.

Patrocle demeure immobile, hébété. C'est le moment dont profite Euphorbe pour le frapper avec sa lance au milieu du dos.

Patrocle, quoique blessé, n'est pas perdu pour autant. Il se réfugie au milieu des siens pour arracher la lance de son corps. Mais

Hector l'a vu battre en retraite. Bondissant à travers les rangs de combattants, il le rattrape et lui perce le flanc de sa lance. Alors Patrocle s'écroule avec fracas tandis qu'Hector l'interpelle joyeusement :

— Patrocle, tu voulais saccager notre ville ! Mais j'ai écarté le danger qui la menaçait. Malgré sa force et sa vaillance, Achille ne t'aura été d'aucun secours car les vautours te dévoreront !

En dépit de sa faiblesse, Patrocle lui répond :

— Les dieux t'ont donné la victoire, Hector, en me désarmant ! Sinon, vingt hommes comme toi ne m'auraient pas terrassé. Ce sont le Destin maléfique et Apollon qui m'ont tué. Mais je te préviens, toi-même, tu n'en as plus pour longtemps à vivre. Tu seras bientôt tué par Achille !

Tandis qu'il parle encore, la mort enveloppe Patrocle. Son âme s'envole de ses membres et s'en va chez Hadès en gémissant. Il est mort, déjà, quand Hector lui adresse ces mots :

— Pourquoi affirmes-tu que c'est moi qui vais mourir ? Peut-être Achille périra-t-il avant moi sous les coups de ma lance ?

Cela dit, il pose le pied sur le corps de Patrocle pour le maintenir au sol et, d'un geste sec, arrache sa lance. Puis il marche sur Automédon pour le frapper. Mais avant qu'il n'approche, le char est loin, emporté par les chevaux immortels que les dieux ont offerts, jadis, à Pélée.

La vengeance d'Achille

Résumé des épisodes précédents.

L'armée grecque a déjà passé presque dix ans devant Troie sans parvenir à entamer sa résistance : la ville se défend avec beaucoup d'énergie.

Surtout que, dans le camp des assiégeants, les relations entre les chefs ne sont pas au beau fixe. Une querelle éclate même entre Achille, le meilleur de leur combattant, et Agamemnon, le roi le plus puissant. Achille décide alors qu'il ne combattra plus les Troyens.

Cette défection modifie le rapport de force en faveur d'Hector et de ses compagnons. Et bientôt, les Grecs se retrouvent à leur tour dans le rôle des assiégés. Ils en sont réduits à se battre pour empêcher Hector de mettre le feu à leurs vaisseaux. Patrocle, l'ami d'Achille, ne peut pas le supporter. Il décide de voler à leur secours. Il emprunte ses armes à Achille, se lance dans la mêlée, poursuit les Troyens qui reculent jusque sous leurs remparts. Et là, Hector tue Patrocle.

Que va faire Achille quand il l'apprendra ?

I

Cependant Antiloque arrive au camp d'Achille. Il le trouve près des vaisseaux, perdu dans ses pensées.

— Hélas ! fils de Pélée, dit-il en pleurant, c'est une terrible nouvelle que je t'apporte. Patrocle est mort et le combat fait rage autour de son cadavre qu'Hector a dépouillé de tes armes.

Aussitôt, un noir nuage de douleur enveloppe Achille. Puisant à deux mains dans la cendre du foyer, il s'en recouvre la tête puis se roule dans la poussière en s'arrachant les cheveux. Ses servantes accourent à leur tour en se frappant la poitrine et se joignent à lui pour pousser des cris lamentables.

Du fond des abîmes marins où elle est assise auprès de son vieux père, Thétis entend son fils. Elle quitte sa grotte, monte sur le rivage à l'endroit où les Myrmidons ont tiré au sec leurs navires. S'approchant de son fils, elle prend dans ses bras sa tête souillée de poussière et de suie.

— Mon enfant, pourquoi pleurer ? lui demande-t-elle. Zeus a pourtant fait ce que tu lui as demandé.

— Ma mère, c'est vrai qu'il m'a exaucé. Mais à quoi bon, puisque mon cher Patrocle est mort ! Après qu'il l'a tué, Hector l'a même dépossédé de mes armes. Ah ! pourquoi donc suis-je né ! Car désormais je ne veux plus vivre à moins qu'Hector ne paie de sa vie pour Patrocle.

Thétis, versant des larmes, lui répond alors :

— Hélas, mon fils, à tes paroles, je comprends que je te pleurerai bientôt, car ton trépas suivra de près celui d'Hector !

— Plutôt mourir de suite si je ne peux pas secourir l'ami qu'on vient de m'arracher ! Mais j'irai affronter Hector ! Peu m'importe si je dois le payer de ma vie. Et toi, n'essaie pas de m'en empêcher : malgré tout ton amour, tu n'y parviendras pas.

La déesse lui répond alors :

— Tu dis vrai, je ne le pourrai pas. Mais tes armes sont aux mains d'Hector. Aussi, suis mon conseil : attends mon retour pour retourner sur le champ de bataille.

Et sans perdre un moment, elle part pour l'Olympe.

Pendant ce temps, les Grecs ont de plus en plus de mal à protéger le cadavre de Patrocle. Trois fois déjà Hector l'a saisi par les pieds et l'a tiré, en poussant de grands cris. Trois fois, les deux Ajax sont parvenus à le repousser. Mais malgré leur vaillance, ils n'arrivent pas à écarter vraiment le Troyen. Sans cesse, il revient à sa proie pareil au loup affamé que le berger ne parvient pas à éloigner du troupeau.

Et sûrement, il va finir par l'entraîner quand, dans l'Olympe, Héra s'émeut de le voir faire. Sans perdre un moment, elle envoie Iris dire à Achille :

— Lève-toi, fils de Pélée ! Ne reste pas sans réagir ! Porte secours à Patrocle qui est l'enjeu d'une effroyable mêlée.

Achille lui répond alors :

— Comment irais-je au combat ? Hector a pris mes armes et ma mère m'a défendu d'en revêtir d'autres avant son retour !

Iris lui répond alors :

— Montre-toi aux Troyens. Rien qu'à te voir, ils auront peur et cesseront de combattre. Les Achéens en profiteront pour pendre le dessus.

Aussitôt, Achille lui obéit. Il monte sur le mur qui défend le camp et se met à crier. En entendant la voix d'Achille aussi perçante que celle de la trompette, les Troyens sont tourneboulés. Les chevaux font demi-tour, les cochers paniquent. Cela suffit aux Achéens pour réussir à s'emparer du corps de Patrocle. Tout sanglant, ils l'étendent sur une civière et le rapportent au camp.

De son côté, dès qu'elle arrive sur l'Olympe, Thétis va chez Héphaïstos. Elle le trouve tout transpirant qui s'affaire auprès de ses soufflets et de sa forge.

Dès qu'il la voit, il l'accueille avec ces mots :

— Tu ne viens pas souvent dans ma maison, chère Thétis, mais sois la bienvenue.

Puis l'ayant fait asseoir sur un beau tabouret, il lui demande :

— Dis-moi vite ce qui me vaut ta visite. Si je puis t'aider, je le ferai avec plaisir.

En versant des larmes, Thétis lui répond :

— Comme tu le sais, le sort m'a donné d'enfanter et d'élever un fils. Je l'ai soigné comme un jeune plant sur un coteau de vignes. Or le voici dans la peine. Car non content de tuer Patrocle, Hector s'est emparé des armes qu'Achille lui avait prêtées. Si bien que je suis venue ici te demander pour lui un bouclier, un casque, des cnémides ainsi qu'une cuirasse.

Le très illustre Boiteux lui répond alors :

— Ah ! ce n'est que ça ! Je vais forger pour ton fils des armes telles que les humains qui les verront seront en admiration !

Sitôt dit, Héphaïstos retourne à ses soufflets et les active. Il jette dans le feu le bronze, l'étain, l'or et l'argent. Il place ensuite sa gigantesque enclume sur un billot, prend d'une main son gros marteau, de l'autre des tenailles de forge et, sans plus attendre, se met à l'ouvrage.

Il fabrique d'abord un large bouclier bombé formé de cinq épaisseurs de métal et le munit d'un baudrier d'argent. Puis il en recouvre intégralement la surface d'un décor magnifique.

Il y montre la Terre, le ciel, la mer, le Soleil et la Lune pleine. Il y représente aussi les constellations du ciel, les Pléiades, les Hyades, Orion, l'Ourse.

Il y montre deux villes habitées par les hommes. Dans l'une ont lieu des noces : sous des torches embrasées, les épousées sont conduites à travers la cité au son des flûtes et des lyres et des chants nuptiaux. Sur l'agora, les hommes sont réunis pour trancher un conflit entre deux citoyens. Autour de l'autre ville, deux armées se font face. Les assiégeants veulent s'approprier les richesses que contient la cité. Les assiégés préparent une sortie. À quelque distance, une bataille s'engage sur les berges d'une rivière. Au milieu des combattants se dressent la Discorde, le Tumulte et le Génie de la mort.

Il y montre aussi une terre riche et profonde sur laquelle des laboureurs font passer et repasser leurs attelages qui fendent le sol nourricier.

Il y représente un domaine que des ouvriers moissonnent en activant leur faucille. Les tiges aux lourds épis tombent dru sur la terre. Aussitôt, d'autres les mettent en gerbe et les emportent dans leurs bras.

Il y montre une vigne chargée de grappes. Les raisins noirs pendent des ceps que soutiennent des échalas d'argent. Des filles et des garçons portent des paniers tressés et vendangent les grains doux comme le miel.

Il y montre un troupeau de vaches en or et en étain. Elles quittent l'étable en mugissant pour gagner leur pâture près du fleuve. Des bouviers tout en or les mènent, aidés de neuf gros chiens. Un peu plus loin, dans une vallée, des brebis paissent, près de leurs étables couvertes de roseaux.

Il y montre un groupe de danseurs, garçons et filles ensemble, qui se tiennent par le poignet. Les filles portent des couronnes de fleurs. Tantôt, ils tournent, formant une ronde, tantôt, ils dansent en ligne, en avançant gracieusement les uns vers les autres.

Enfin, sur tout le pourtour du bouclier, Héphaïstos figure le flux puissant de l'Océan.

Après quoi, il forge une cuirasse plus éblouissante que la flamme, un casque finement ouvragé surmonté d'une aigrette d'or et, enfin, des cnémides en airain avec des agrafes de pur argent.

Dès qu'il a fini de forger ces armes incomparables, il les pose avec un sourire aux pieds de Thétis. Le temps pour elle de le remercier comme il le mérite et la voici qui redescend déjà de l'Olympe neigeux.

L'Aurore au voile de safran s'élève au-dessus des ondes pour apporter la lumière lorsqu'elle arrive près des navires. Elle trouve son fils qui pleure à chaudes larmes en serrant Patrocle dans ses bras.

— Mon enfant, lui dit-elle, oublie un instant ta tristesse. Vois plutôt ces armes que je t'apporte de la part d'Héphaïstos. Jamais, je te l'assure, aucun homme n'en a porté d'aussi magnifiques.

Tout en parlant, elle pose les armes aux pieds d'Achille. Le bronze, quand il heurte le sol, rend un son si terrible que tous ceux qui l'entendent, amis ou ennemis, sont saisis de frayeur.

Achille, lui, en les voyant, sent qu'une fureur insatiable l'envahit. Ses yeux s'enflamment et, dès qu'il prend en main le terrible cadeau du dieu, une impitoyable ardeur guerrière s'allume dans son cœur.

— Ma mère, ces armes sont dignes d'un Immortel. Je vais m'en revêtir avec joie pour aller au combat ! J'ai peur néanmoins que pendant mon absence les mouches pénètrent dans les blessures de Patrocle et y laissent des vers.

Thétis lui répond alors :

— Mon enfant, ne t'inquiète pas. J'écarterai de lui les mouches. Même s'il restait ainsi toute une année, sa chair demeurerait intacte. Pars l'esprit tranquille. Mais avant de descendre dans la plaine pour y rencontrer Hector, convoque tous les Grecs au conseil. Tu dois d'abord leur annoncer que tu renonces à ta colère envers Agamemnon et te réconcilier avec lui. Après quoi, il sera temps pour toi de descendre au combat.

II

Tandis qu'Achille s'en va le long de la grève, Thétis verse du nectar et de l'ambroisie dans les narines de Patrocle afin que son corps ne se corrompe pas. Puis elle retourne près de son père, au fond de l'Océan.

Achille, de tente en tente, rameute tous les Achéens. Tous les guerriers se rendent à l'assemblée, ceux qui sont valides comme les blessés, pour peu que la blessure soit légère. Même les Grecs qui ne participent pas au combat les suivent, les pilotes des vaisseaux, par exemple, ou les intendants qui administrent les réserves de blé et de vin.

Au premier rang s'installent les principaux chefs : Nestor, Ulysse, Diomède, les deux Ajax, Ménélas et son frère, Agamemnon. Quand ils sont tous assis, Achille se lève et dit :

— Agamemnon, il aurait mieux valu pour nous tous que la colère ne nous égare pas ! Surtout à cause d'une captive ! Car c'est à Hector et aux Troyens que notre dispute a profité. Alors je te propose d'oublier ce qui s'est passé : ne tenons plus compte de notre vieille rancœur. Aujourd'hui, je le dis solennellement, je renonce à ma colère et à toutes ses conséquences. De ton côté, exhorte les Achéens à retourner très vite au combat ! Cette fois, je me joindrai à eux !

C'est par un immense cri de joie que l'assemblée salue cette déclaration. Tous les Grecs se félicitent : Achille a enfin renoncé à son ressentiment et va combattre à leurs côtés !

Agamemnon se lève alors et, depuis sa place, prend la parole à son tour :

— Amis, ce que je viens d'entendre me fait plaisir comme à vous tous. Je veux toutefois me disculper auprès d'Achille. Il est souvent arrivé qu'on m'accuse, comme il l'a fait, d'être intraitable et emporté. Je n'en suis pas responsable. Les coupables, ce sont Zeus, le Destin et surtout la pernicieuse Até*. Ce sont ces immortels qui m'ont égaré ce jour funeste où j'ai privé Achille de sa part de butin ! Mais aujourd'hui, je le déclare devant vous tous, je vais réparer mon erreur en donnant à Achille

* Até : déesse de l'aveuglement et de l'obstination qui mènent les hommes à leur perte.

toutes sortes de richesses en guise de dédommagement.

Achille lui répondit alors :

— Agamemnon, tu peux m'offrir ces présents, ce qui ne serait que justice, ou les garder. C'est comme tu veux. L'important n'est plus là. Seule compte désormais l'ardeur avec laquelle nous allons affronter l'ennemi. Et le plus tôt sera le mieux !

Mais Ulysse, toujours plein de sagesse, ne partage pas sa hâte. Il préfère que la réconciliation s'effectue en bonne et due forme. Aussi, voici ce qu'il propose :

— Il vaudrait mieux qu'Agamemnon fasse apporter les présents qu'il veut faire devant l'assemblée. Ainsi tous les Achéens pourront les voir de leurs yeux et ils sauront de source sûre que la dispute entre vous deux est finie. S'il offre ensuite un plantureux festin à Achille, rien ne manquera à la réparation.

Agamemnon lui répond alors :

— Fils de Laërte, comme d'habitude, tu as tout expliqué comme il le fallait. Désigne quelques jeunes Grecs parmi les plus nobles ; ils viendront avec nous sur mes vaisseaux pour en rapporter ce que j'ai promis à Achille.

Ulysse choisit alors les deux fils de Nestor, Antiloque et Thrasydème ainsi que Mégès, Thoas, Mérion, Lycomédé et Mélanippe. Et tous suivent Agamemnon dans son camp.

Ils emportent de chez le roi sept trépieds, vingt chaudrons et douze chevaux. Ils emmènent aussi sept servantes expertes en irréprochables travaux et, avec elles, Briséis aux belles joues.

Quand ils reparaissent devant l'assemblée, les cris d'approbation sont nombreux car la réparation qu'offre Agamemnon est généreuse.

Alors, tandis que l'assistance se disperse, Achille emboîte le pas d'Agamemnon pour aller au banquet.

De leur côté, les jeunes gens gagnent les vaisseaux des Myrmidons. Ils déposent les trépieds et les chaudrons sous la tente d'Achille, mènent les chevaux au pacage, installent les femmes avec les autres servantes.

Mais dès qu'elle aperçoit Patrocle sans vie, Briséis se jette sur lui en lançant de grands cris et en se griffant la poitrine.

— Patrocle, se désole-t-elle, tu étais le plus cher à mon cœur ! De toi seul j'espérais un peu de bonheur car tu voulais convaincre Achille de m'épouser en revenant chez lui. Hélas ! Je t'ai laissé vivant et je te trouve mort, toi qui étais un ami si doux.

Pendant qu'elle pleure, les chefs grecs sont assemblés pour le festin chez Agamemnon. Mais il n'y a pas moyen de faire avaler la moindre bouchée à Achille. Tous essaient de le convaincre de se nourrir un peu mais lui refuse.

— Mes amis, je vous en prie, ne me demandez pas de me rassasier de pain et de vin alors que la douleur m'emplit tout entier.

Détournant son regard de la nourriture, il songe que la dernière fois qu'il a mangé, Patrocle était à ses côtés, sous sa tente, et qu'ils se partageaient les viandes fumantes et le vin doux comme du miel.

« Hélas ! songe-t-il, maintenant, il est étendu dans la mort, mon ami. Aussi, mon cœur n'a-t-il plus de goût à manger ni à boire, tellement il le regrette. Je ne souffrirais pas plus si j'avais appris la mort de mon père, ou même celle de mon cher fils, Néoptolème, beau comme un dieu. Dire que je croyais être le seul à devoir mourir sous les remparts de Troie !

J'imaginais qu'il retournerait en Phthie pour s'occuper de lui et remplacer son père ! »

Alors qu'il pense ainsi à son compagnon qui n'est plus, les autres chefs terminent le banquet. Bientôt, de toutes les tentes, de toutes les nefs sortent des guerriers en armes. Aussi nombreux que des flocons de neige volant sous la poussée du vent du Nord, apparaissent les casques luisants, les boucliers bombés, les cuirasses à plastron et les lances garnies de pointes.

Au milieu d'eux, Achille resplendit dans les armes que lui a données le dieu.

Automédon s'est occupé d'atteler les chevaux. Il les a munis de solides courroies, leur a passé le frein dans la bouche, a ramené les rênes en arrière pour les poser sur le rebord du char. Son fouet en main, le cocher s'est élancé sur le char bien tressé.

Achille monte auprès de lui. De sa voix formidable, il lance les chevaux au galop vers les remparts de Troie. Derrière lui, dans une clameur formidable, les Grecs s'élancent, affamés de combat.

Et les Troyens les attendent, de l'autre côté de la plaine.

III

Ainsi donc, pendant que les Troyens finissent de s'armer, les Achéens s'approchent des remparts.

Quant à Hector, un destin funeste l'a poussé à sortir de la ville pour se poster devant la porte ouest.

Achille fonce sur l'ennemi, le cœur plein d'audace. Et du plus loin qu'il voit Hector seul et à pied, il ordonne à Automédon d'arrêter le char. Il en descend et, en allongeant le pas, se dirige vers son ennemi de toute la vitesse de ses pieds et ses genoux.

Du haut des remparts, le vieux Priam est le premier à le voir arriver, resplendissant comme l'astre du jour.

Le vieillard frémit de tous ses membres, lève les mains au ciel et se met à crier pour prévenir Hector. Mais celui-ci ne veut pas bouger car il brûle du désir de se mesurer à Achille.

Priam, pourtant l'implore en tendant les mains :

— Hector, mon enfant, n'attends pas cet homme tout seul. Il m'a déjà privé de tant de mes fils. Si tu meurs à ton tour, ce sera encore pire ! Entre t'abriter derrière nos murs ! Les Troyens et les Troyennes ont encore besoin de toi pour les protéger… Prends pitié d'eux ! Et de moi, qui garde encore toute ma présence d'esprit alors que la vieillesse a épuisé mes forces !

Ainsi parle le vieux Priam en arrachant les cheveux blancs de sa tête. La mère d'Hector, elle aussi, se lamente. Écartant d'une main le repli de sa robe, elle soulève sa mamelle de l'autre et dit :

— Mon enfant, respecte ce sein qui t'a nourri et prends pitié de moi. Repousse cet homme puisqu'il le faut, mais en restant à l'intérieur du mur !

C'est ainsi qu'ils supplient leur fils chéri. Rien pourtant ne fléchit la résolution d'Hector : il a décidé d'attendre Achille qui vient vers lui à grands pas.

Mais voilà qu'au dernier moment, quand celui-ci arrive tout près de lui, Hector se met à frissonner des pieds à la tête. Tout d'un coup, il n'a plus la force d'attendre sans bouger. La peur le prend, le pousse, et il s'enfuit en courant le long du rempart.

Aussitôt Achille se lance à ses trousses, sûr de sa vitesse à la course. Tel un épervier pourchassant une colombe, il court droit devant lui en poussant des cris terribles tandis qu'Hector fait bouger ses jambes aussi vite qu'il le peut.

Voici que, s'écartant un peu du rempart, ils arrivent près des lavoirs de pierre, à l'endroit où jaillissent deux sources. De l'une coule une eau chaude qui fait monter de la vapeur autour d'elle ; l'autre, même pendant l'été, est aussi fraîche que de la glace. C'est là qu'autrefois les femmes troyennes et leurs filles venaient laver leur linge, avant que ne survienne l'armée des Achéens.

Les deux guerriers les longent au pas de course, l'un s'enfuyant, l'autre qui le poursuit. Et ainsi emportés dans une course haletante, ils font trois fois le tour de la ville.

Dans l'Olympe où ils sont assemblés, les dieux observent la scène. Le premier, Zeus prend la parole :

— J'ai vraiment pitié d'Hector. De tous les Troyens, c'est lui que je préfère. Qu'en pensez-vous ? Allons-nous le sauver de la mort ou laisser Achille l'abattre ?

— Père, lui répond Athéna, un mortel marqué depuis longtemps par le Destin ne peut s'affranchir de la mort ! Je pense que tous les dieux sont de mon avis !

— S'il en est ainsi, répond Zeus sans insister, nous ne ferons rien pour sauver Hector.

Cependant, Achille qui poursuit Hector sans mollir, le serre désormais de près. Plusieurs fois, le Troyen a tenté de s'approcher des murailles. Il espérait que ses concitoyens pourraient le sauver en lançant leurs javelots sur Achille du haut des remparts. Mais chaque fois Achille, prenant les devants, l'a rabattu vers la plaine.

Dès lors, comment Hector pourrait-il échapper au Génie de la mort ?

Quand, pour la quatrième fois, ils repassent près des lavoirs, Zeus déplie sa balance d'or. Dans un plateau, il place la mort d'Achille, dans l'autre, celle d'Hector. Il soulève le fléau par le milieu : c'est le jour fatal d'Hector qui se met à pencher et à descendre jusque chez Hadès.

Il souffle alors dans le cœur du Troyen le désir de s'arrêter pour combattre face à face. Puis les dieux l'abandonnent à son destin.

Hector s'immobilise, se retourne, lance à Achille :

— Je ne te fuirai plus, fils de Pélée. Je vais, une bonne fois, te barrer le chemin. Il faut que je te tue ou bien que je sois tué. Mais avant, mettons-nous d'accord. Si je suis vainqueur, je ne ferai pas subir d'outrages à ton cadavre. Lorsque je t'aurai dépouillé de tes armes divines, je rendrai ton corps aux Grecs. Toi, jure d'en faire autant.

Achille lui répond alors :

— Hector, ne viens pas me parler d'accord, toi que je déteste plus que quiconque au monde ! Il n'y a pas d'accommodement possible entre les loups et les agneaux ! Rassemble plutôt ton courage. Car tu vas payer pour la douleur que tu m'as causée en tuant Patrocle.

Cela dit, il darde sa longue pique. Hector la voit venir et se baisse. La pointe de bronze passe au-dessus de sa tête et va se planter dans la terre, derrière lui. Un autre qu'Achille serait désarmé mais Athéna, sans être vue d'Hector, arrache la lance du sol et la lui rend.

Hector, qui n'a pas remarqué la manigance de la déesse, s'imagine qu'il tient la victoire.

— Tu m'as manqué, Achille ! s'exclame-t-il joyeusement. Tu prétendais connaître nos destins mais je vois que tu racontais des mensonges. Tu voulais juste m'impressionner ! Essaie à présent d'éviter ma pique de bronze. Si par bonheur tu venais à mourir, la guerre serait plus facile pour nous, car tu es la pire des calamités !

Il finit de parler et jette sa pique à son tour. Il vise juste : la pointe, avec un bruit assourdissant, heurte le bouclier d'Achille. Mais le bronze ne l'ébrèche même pas et la lance rebondit hors de portée d'Hector. Consterné, le Troyen s'arrête net dans son élan car il n'a pas d'autre pique.

— Hélas ! se désole-t-il à voix basse, se pourrait-il réellement que la mort affreuse soit toute proche ? Eh bien ! si je dois mourir, au moins que ce ne soit pas sans gloire. Je vais accomplir auparavant un exploit qui restera dans la mémoire des hommes !

Sans plus attendre, il tire son épée du fourreau puis, se ramassant sur lui-même, s'élance en avant. Achille prend aussi son élan, le cœur empli d'une sauvage énergie. De sa lance acérée il cherche l'endroit où la chair d'Hector sera la plus vulnérable. Les armes dont il a dépouillé Patrocle protègent Hector de partout. Seul apparaît à découvert la place où les clavicules séparent le cou des épaules. C'est là qu'Achille frappe. La pointe transperce le cou délicat du Troyen qui s'écroule dans la poussière.

— Hector, insensé que tu es, s'exclame Achille. En tuant Patrocle, tu n'as pas pensé que je le vengerais ! La différence c'est qu'à présent les chiens et les corbeaux vont te déchirer tandis que les Achéens rendront les honneurs funèbres à Patrocle.

Dans un ultime souffle, Hector lui répond :

— Je t'en supplie, ne laisse pas les chiens me dévorer. Accepte la rançon que t'offrira mon père. Rends-lui mon corps, afin que les Troyens m'accordent les flammes du bûcher.

— Ne me supplie pas ! Je voudrais que ma fureur me rende capable de couper ta chair en morceaux pour la manger moi-même et toute crue ! Non, tu m'as fait trop de mal ! Personne ne te rachètera et les vautours te rongeront le cœur !

Sur le point d'expirer, Hector trouve encore la force de dire :

— Je reconnais bien là ton cœur de fer. Mais prends garde à la colère des dieux ! Le jour est tout proche où, si brave que tu sois, tu périras à ton tour !

À ce moment, la mort l'enveloppe. Son âme s'envole de ses membres et s'en va chez Hadès en gémissant.

Voyant qu'il est mort, Achille commence par arracher la pique de son cou. Puis il ôte de ses épaules la cuirasse ensanglantée. Les Grecs se massent alors autour du cadavre et pas un ne l'approche sans le piquer d'un coup de sa lance.

Dès qu'il a fini de le dépouiller, Achille dit :

— Amis Achéens, le corps de Patrocle se trouve toujours près des vaisseaux où il attend d'être enseveli. Pour le moment, retournons là-bas en chantant un chant de victoire. Nous reviendrons plus tard vérifier si la mort de leur héros a amoindri la vaillance des Troyens.

Là-dessus, il fait signe à Automédon d'approcher avec le char. Puis il perce les deux pieds d'Hector de la cheville au talon, y passe des lanières de cuir et les noue à l'arrière du char. Après avoir chargé les armes qu'il a prises au vaincu, il monte lui-même sur le char et lance les chevaux au galop.

Achille s'éloigne vers la mer, traînant derrière lui le cadavre d'Hector qui soulève au passage un nuage de poussière. Et c'est pitié de voir sa tête naguère si charmante et ses longues boucles de cheveux noirs traîner lamentablement sur le sol.

Pendant ce temps, dans Troie, le peuple entier s'abandonne aux gémissements et aux lamentations. C'est à grand-peine que ses enfants empêchent le vieux Priam de sortir des portes comme son affection de père l'y incite.

— Laissez-moi me rendre auprès des Achéens, leur dit-il. Je veux supplier cet Achille fou d'orgueil et de brutalité. Peut-être respecterait-il mon grand âge et prendrait-il ma vieillesse en pitié. Il a aussi un père comme moi. Il peut comprendre que le regret d'Hector me fera descendre chez Hadès ! Ah pourquoi ce fils chéri n'est-il pas mort dans mes bras ! Nous pourrions nous rassasier de larmes, la mère qui l'enfanta et moi-même.

De son côté, Hécube aussi se lamente :

— Mon enfant ! pourquoi faut-il que je survive alors que tu n'es plus ! Tu étais pour moi un sujet de triomphe et tous ceux qui étaient en ville te saluaient comme un dieu. Tu étais ma fierté et ma gloire mais à présent la mort t'a atteint !

L'épouse d'Hector ne sait encore rien. Retirée dans le fond de sa haute demeure, elle tisse un grand châle de pourpre sur lequel elle sème toutes espèces de fleurs. Soudain, elle entend les lamentations qui partent du rempart. Un frisson secoue tous ses membres et la navette lui tombe des mains.

— J'ai entendu la voix de ma belle-mère, dit-elle aux servantes. Du fond de la poitrine, mon cœur a bondi jusqu'à ma bouche. Quelque malheur est proche des fils de Priam !

Sur ces mots, elle sort de chez elle, court au rempart. Dès qu'elle y parvient, elle voit Hector qu'Achille traîne vers le camp grec. Une nuit ténébreuse la recouvre alors, elle tombe à la renverse, perd connaissance. Loin de sa tête, tombent les attaches en or et le voile. Autour d'elle, ses belles-sœurs s'empressent, essayant vaille que vaille de la ramener à la vie.

Enfin, le souffle lui revient. En poussant un profond soupir, elle dit :

— Hector, que je suis malheureuse ! Voici que tu t'en vas vers la maison d'Hadès en me laissant seule dans un affreux désespoir. Et notre enfant, notre Astyanax, qui est encore si petit, le voici sans père ! Maintenant, il ne t'a plus pour le soutenir ! S'il survit à la guerre, il ne connaîtra plus que la peine et les chagrins car tel est le sort des orphelins !

Ainsi parle-t-elle en pleurant et les femmes gémissent avec elle.

Les funérailles de Patrocle

Résumé des épisodes précédents.

Après dix ans de siège, Troie tient toujours bon. De tout ce temps, ni les Achéens ni les Troyens n'ont pu prendre l'avantage.

Jusqu'au jour où Agamemnon, le chef grec, et Achille ont eu la mauvaise idée de se disputer. Achille, très fâché, se retire du combat. C'est une chance pour les Troyens : pri-

vés de leur meilleur guerrier, les Achéens ne sont plus de force. Hector, en particulier, le fils du roi de Troie, se montre irrésistible et parvient presque à mettre le feu aux vaisseaux grecs.

Alors Agamemnon vient essayer de faire la paix avec Achille. Trop tard ! Ce dernier ne veut toujours rien entendre. Seulement Patrocle, le meilleur ami d'Achille, prend ses anciens alliés en pitié. Il décide de retourner au combat et emprunte pour ce faire les armes d'Achille. Et voilà qu'Hector le tue. À cette nouvelle, le chagrin d'Achille est immense, sa colère terrible, son envie de venger Patrocle irrésistible. Après que sa mère lui a fourni un nouvel équipement, il affronte Hector en combat singulier et le tue à son tour.

Puis c'est le retour au camp. Comment Achille va-t-il honorer la mémoire de son ami ?

Pendant que les Troyens déplorent la mort d'Hector, les Achéens retournent à leurs navires. Mais quand ils arrivent au camp, Achille et ses Myrmidons n'ôtent pas tout de suite leur cuirasse et leur casque. En armes et sur leur char, par trois fois, ils poussent leurs chevaux autour de Patrocle mort. C'est leur façon de lui rendre hommage.

Puis Achille descend de son char. Il en détache le cadavre d'Hector et l'étend sur le sol, près du corps de Patrocle.

— Tu vois, Patrocle, s'écrie-t-il, j'ai tenu ma promesse de te venger ! J'ai ramené Hector.

Mais même en voyant le Troyen mort couché le front dans la poussière, la rage d'Achille ne s'apaise pas. Il ajoute :

— Lui n'aura pas comme toi l'honneur des funérailles. Il sera livré aux chiens pour être mangé cru !

Après quoi, dans son cœur, il laisse enfin le chagrin prendre la place de la colère. Longtemps, tenant les froides mains du mort dans les siennes, il sanglote. Ses hommes pleurent avec lui. Bientôt, le sable et les armures sont tout mouillés de larmes.

Avec le soir, vient l'heure de servir le banquet funéraire : taureaux blancs, moutons et chèvres, porcs aux dents blanchies sont immolés en grand nombre et passés sur le gril. Les Myrmidons, enfin, se dévêtent de leurs armes éclatantes, dételled les chevaux et s'assoient pour manger près des nefs rapides.

Pendant que tous festoient, les chefs achéens viennent en délégation auprès d'Achille pour le conduire chez Agamemnon. Le grand roi a fait placer au feu un trépied rempli d'eau. Dès qu'Achille se présente, il l'invite d'abord à se laver du sang caillé qui le salit. Mais celui-ci refuse en jurant :

— Non, par Zeus, l'eau d'un bain n'approchera pas de ma tête, avant que j'aie placé Patrocle sur le bûcher ! Demain, dès l'aurore, je t'en prie, Agamemnon, ordonne qu'on aille ramasser du bois et qu'on prépare tout ce qu'il faut à un mort pour s'en aller !

Et comme Agamemnon s'empresse d'accepter.

— Ainsi, poursuit Achille, quand la flamme l'aura enlevé à nos yeux, nous pourrons célébrer les jeux funèbres en son honneur. Après seulement, nous retournerons au combat.

Les chefs des Achéens approuvent ses propos. Tous ensemble, après avoir préparé le repas, ils festoient. Puis quand ils ont chassé le désir de boire et de manger, ils vont se coucher chacun sous sa tente.

Seul Achille est resté sur la grève, près du corps de son ami. Après qu'il a longtemps gémi, le lourd sommeil s'est emparé de lui. Et voici que l'âme de Patrocle, toute semblable à lui pour l'aspect et la voix, apparaît et dit :

— Maintenant que je suis mort, tu dors et tu m'oublies, Achille ! Ensevelis-moi sans tarder, que je puisse franchir les portes d'Hadès. Mais avant, j'ai une prière à te faire, puisque ton sort, à toi aussi, est de périr sous les murs de Troie. Ne place pas mes os loin des tiens : qu'ils reposent ensemble, comme nous avons grandi ensemble.

— Je ferai ce que tu demandes, répond Achille. Mais en attendant, viens près de moi que je te tienne un moment dans les bras.

En disant ces mots, il tend les mains, mais elles ne rencontrent rien. L'âme de Patrocle s'est enfuie sous terre laissant Achille seul avec sa douleur.

Tandis qu'il continue de se lamenter, paraît l'Aurore aux doigts de rose. Le roi Agamemnon fait aussitôt sortir du camp les mulets et les hommes pour aller chercher du bois. Ils gagnent les pentes du mont Ida où ils coupent en grand nombre des chênes aux faîtes chevelus. Puis ils reviennent dans la plaine, chargés d'une énorme quantité de bois qu'ils empilent sur un promontoire, à l'endroit désigné par Achille.

Dès lors, tout est prêt pour les funérailles.

Tous les Grecs se rassemblent autour du promontoire tandis que les Myrmidons apportent le corps de Patrocle et le déposent sur le bûcher. Un peu à l'écart, Achille regarde vers la mer couleur lie-de-vin. Les larmes ruissellent de ses yeux : c'est son cher Patrocle qu'on mène ainsi aux demeures d'Hadès.

En soupirant à fendre l'âme, il revient près du bûcher, coupe sa blonde chevelure pour la placer entre les mains du mort.

Nombre de bœufs, de vigoureux moutons aux cornes tortes, sont alors immolés et écorchés. Prenant la graisse de ces victimes, Achille en couvre le mort des pieds à la tête. Puis, sur le pourtour du bûcher, on place les corps des bêtes et des amphores de miel et d'huile.

Ce sont alors quatre chevaux qu'Achille sacrifie et précipite sur le bûcher puis deux des neufs chiens de Patrocle, les fidèles compagnons de sa table. Pour finir, il y couche douze nobles Troyens qu'il vient d'égorger car son cœur égaré de douleur n'en finit pas d'aspirer au massacre.

Toute la nuit, le bûcher auquel il a mis le feu lance au ciel une fumée noire. Toute la nuit aussi, Achille, assis au sol, puise du vin dans un cratère d'or et le répand à terre en invoquant l'âme de Patrocle.

Puis l'étoile du matin paraît et peu après, l'Aurore se répand sur la mer. À ce moment, le bûcher s'épuise, la flamme s'éteint.

Alors, Achille se remet debout.

— Vous autres, dit-il aux chefs des Achéens, finissez d'éteindre le bûcher avec du vin. Nous recueillerons ensuite les ossements de Patrocle.

Ainsi parle-t-il et tous obéissent.

Les os de Patrocle sont faciles à retrouver car il gisait au milieu du feu. Bientôt, ils sont placés dans une urne d'or, entre deux couches de graisse.

Entre-temps, Achille a envoyé ses serviteurs chercher les récompenses qu'il veut offrir aux vainqueurs des jeux funèbres en souvenir de Patrocle. Des vaisseaux, les voici qui rapportent en grand nombre chaudrons et trépieds, chevaux et mulets, armures superbes, captives à la belle ceinture...

Ce sont d'abord les prix qui récompenseront les conducteurs de chevaux. Au premier, ira une captive experte en irréprochables travaux et un trépied à anses; au deuxième, une jument de six ans, le ventre chargé d'un petit mulet. Le troisième emportera un beau chaudron, le quatrième, deux talents d'or et le cinquième, un vase à deux anses.

Sans plus tarder, Achille appelle les candidats :

— Qu'ils s'avancent ceux qui veulent montrer la vitesse de leur attelage!

Ils sont cinq à se présenter : Eumèle, Diomède, le blond Ménélas, Antiloque, fils de Nestor, et enfin Mérion, le Crétois.

De tout côté, déjà, on s'affaire autour des chars en osier bien tressé, on attelle les chevaux aux robes luisantes. Nestor en profite pour donner ses conseils à son fils.

— Antiloque, dit-il, tu le sais, c'est à force d'adresse que le cocher surpasse le cocher. Tu vois la borne, là-bas, qu'il faudra contourner? En passant, ne la quitte pas des yeux. Penchetoi légèrement à gauche, pique le cheval de droite et lâche-lui les rênes. Quant au cheval de gauche, fais-lui frôler la borne en évitant de la heurter ensuite avec la roue. Ainsi, personne ne pourra te devancer.

Pendant qu'il parlait, Achille a tiré au sort les positions de départ. Le hasard a favorisé Antiloque : il va s'élancer en premier, suivi d'Eumèle, de Ménélas, de Mérion et de Diomède.

Voici les chars prêts à partir, rangés en ligne dans cet ordre. Dans la plaine, près de la borne, on a envoyé Phénix comme arbitre. De la main, il fait signe qu'il est prêt.

Alors, tous les concurrents lèvent à la fois le fouet sur leurs chevaux et, de la voix, les incitent à courir. Les chevaux s'élancent au grand galop dans la plaine, s'éloignant des vaisseaux avec rapidité. Sous leur poitrail, la poussière se soulève et monte en tourbillon.

Très vite, les juments aux pieds rapides d'Eumèle se sont portées en tête. C'est son char qui, le premier, contourne la borne. Mais les étalons de Diomède ne leur cèdent rien ; ils suivent de si près qu'à tout moment on croit qu'ils vont monter sur le char qu'ils talonnent. Ils sont même sur le point de le dépasser quand Apollon, qui n'aime pas Diomède, lui fait tomber le fouet des mains. Privés de cet aiguillon, les étalons ralentissent tandis que les cavales reprennent de l'avance.

Mais Athéna est là qui veille. Elle rend vite son fouet à Diomède puis s'en prend à Eumèle et brise net le joug de son char. Alors que le cocher tombe par-dessus bord, ses juments que plus rien ne guide s'égaillent hors de la piste. Le nez dans la poussière et les yeux pleins de larmes de dépit, l'infortuné Eumèle ne peut rien faire d'autre que de regarder ses rivaux le distancer.

Après Diomède qui file loin devant, viennent Ménélas et le jeune Antiloque. Les deux galopent roue contre roue car aucun ne parvient à prendre l'avantage sur l'autre. Mais voici qu'un peu devant eux, la piste se fait plus étroite : les deux chars ne passeront pas de front. Aussitôt Ménélas tire sur les rênes pour ralentir l'allure de ses bêtes. C'est l'occasion qu'attendait Antiloque. Au lieu de ralentir lui aussi, il pousse ses chevaux aux sabots emportés et leur fait dépasser le char de Ménélas.

En voyant qu'il va lui couper la route, ce dernier crie :

— Antiloque, tu conduis comme un fou ! Si tu heurtes mon char, nous perdrons tous deux.

Mais Antiloque fait celui qui n'entend pas. Au lieu de ralentir, il excite encore un peu plus ses chevaux. De son côté, Ménélas n'a plus le choix : il doit retenir les siens s'il veut éviter que les deux chars ne versent dans la poussière.

Antiloque est passé devant et fouette ses chevaux sans se soucier des injures et des malédictions dont Ménélas le couvre.

Dans le stade, près de la mer, les Grecs ne tiennent plus d'impatience. Idoménée, le roi crétois, s'est placé plus haut que les autres, sur une petite éminence. Le premier, il voit le concurrent qui mène la course approcher au milieu d'un nuage de poussière.

— C'est Diomède qui arrive en tête ! s'écrie-t-il. À tous les coups, les cavales d'Eumèle ont eu un ennui car je les ai vues contourner la borne en premier.

Aussitôt, Ajax lui répond d'un ton désagréable :

— Idoménée, pourquoi bavasses-tu de la sorte? Les chevaux en tête sont les mêmes que ceux qui y étaient avant : ce sont les cavales d'Eumèle.

— Ajax! réplique Idoménée, il faut toujours que tu te montres malveillant. Mais si tu penses avoir raison, parions un trépied!

Déjà, Ajax, qui ne supporte pas la contradiction, marche sur Idoménée, prêt à la bagarre. Et comme l'autre l'attend de pied ferme, les choses vont dégénérer.

Heureusement, Achille les rappelle à l'ordre :

— Cessez donc vos querelles! C'est indigne des circonstances. D'ailleurs, les chars seront ici dans un instant. Vous verrez bien qui est premier!

Ces sages paroles calment les deux chefs. Et de fait, à peine ont-ils le temps de se rasseoir que Diomède surgit dans l'arène. Ses chevaux, qui volent plus qu'ils ne courent, ont tôt fait de franchir le but. Diomède saute à bas de son char splendide garni d'or et d'étain et c'est sous les vivats qu'il s'empare du prix destiné au vainqueur.

Pour la deuxième place, la lutte est bien plus rude. Sa ruse a placé Antiloque devant Ménélas. Mais les merveilleuses juments de ce dernier ont presque refait leur retard. La course durerait cinquante pas de plus que l'Atride serait deuxième. Mais, d'un souffle, Antiloque est devant.

Après eux, arrive Mérion, un jet de lance en arrière. Sa place n'étonne personne : ses chevaux étaient les plus lents et lui-même, le moins habile à mener un char. Il devance pourtant l'infortuné Eumèle qui vient bon dernier, en traînant lui-même son char et en poussant devant lui ses cavales.

En le voyant, Achille en a pitié.

— C'est le meilleur cocher qui arrive dernier, dit-il à l'assistance. Je propose que nous lui donnions le second prix, ce serait équitable !

Aussitôt tous l'approuvent exception faite d'Antiloque, qui dit pour défendre son droit :

— Achille, tu veux me priver de mon prix sous prétexte qu'Eumèle a eu un accident. Mais s'il avait prié les Immortels, il ne serait pas arrivé le dernier. Tu veux le récompenser, libre à toi ! Mais prélève son prix sur tes biens. Ma jument, je ne la céderai pas !

En l'entendant, Achille ne peut réprimer un sourire.

— Tu as raison, lui répond-il. Garde la jument. À la place, je donnerai à Eumèle une cuirasse tout en bronze. Il ne perdra pas au change.

Tout content, Antiloque va s'en aller avec la jument. Mais il n'en a pas le temps car Ménélas s'avance vers lui, plein de colère.

— Antiloque, dit-il, tu t'es mal comporté ! Je veux en prendre les dieux à témoin. Si tu l'oses, mets-toi debout devant ton char, touche tes chevaux et jure par les grands dieux que ce n'est pas volontairement que tu as retardé mon char en lui coupant le passage.

Dans son cœur, Antiloque sait qu'il a tort. Il préfère se montrer sage. Tout de suite, il fait appel à l'indulgence du redoutable Ménélas.

— Pardonne-moi ! Tu sais jusqu'où peuvent aller les excès d'un jeune homme. La jument, je vais te l'offrir de moi-même. Et si tu veux un autre dédommagement, je te le donnerai plutôt que de me trouver en faute envers les dieux.

Devant tant de bonne volonté, la colère de Ménélas s'apaise. Son cœur s'épanouit comme quand la rosée dilate les épis. Et c'est avec chaleur qu'il lui répond :

— Antiloque, ta jeunesse a vaincu ta raison. Je me laisse donc attendrir par ta prière et je vais même te laisser la jument afin que chacun sache que mon cœur n'est pas dur.

Sur quoi, il rend la jument à Antiloque et prend pour lui le chaudron. Mérion, lui, emporte les deux talents d'or, ayant été quatrième.

Quant au cinquième prix qui reste, le vase à deux anses, Achille le saisit, s'avance vers Nestor.

— Tiens, vieillard, lui dit-il. Accepte cet objet en souvenir de Patrocle, toi que la dure vieillesse empêche désormais de prendre part aux concours.

Tous les Grecs assemblés approuvent ce beau geste et c'est avec plaisir que Nestor accepte le présent.

Achille propose ensuite les prix pour le combat du pugilat. Il s'agit d'une mule endurante au travail et d'une coupe à double calice.

— J'invite deux guerriers parmi les plus forts à concourir en se frappant à poings levés, dit-il. Le vainqueur emmènera la mule. L'autre, la coupe.

Aussitôt Épéios, un homme fort et grand, s'approche de la mule et s'écrie :

— Qu'il approche, celui qui veut la coupe ! La mule, aucun autre que moi ne l'aura car je romprai les os de mon rival.

En l'entendant, tout le monde demeure silencieux. Puis le preux Euryale se lève, signe qu'il relève le défi.

Déjà les deux adversaires ont passé une large ceinture, ont entouré leurs poings avec des courroies taillées dans du cuir. Les voici qui s'avancent au milieu de l'arène, qui lèvent tous les deux à la fois leurs robustes mains, qui s'élancent l'un contre l'autre.

Un moment, la lutte reste égale entre les deux. Leurs mâchoires grincent dans le silence de l'arène où chacun retient son souffle. De partout la sueur perle puis ruisselle sur leurs membres.

Puis Épéios parvient à traverser la garde d'Euryale et le frappe durement à la joue. Euryale ne peut pas se tenir debout plus longtemps. Comme un poisson jeté à sec par la vague, il gît au sol, tout agité de sursauts.

Magnanime, Épéios prend alors son adversaire dans ses bras et le relève. Pendant qu'on l'emmène, crachant un sang épais et laissant pendre la tête sur le côté, Achille propose les prix réservés à la lutte.

Pour le vainqueur, il offre un grand trépied pouvant aller au feu qui vaut douze bœufs. Pour le vaincu, une servante experte en travaux ménagers valant au moins quatre bœufs.

— Levez-vous, clame-t-il, vous qui voulez participer à cette épreuve !

Le grand Ajax, alors, s'avance au centre de l'arène et avec lui, le rusé Ulysse. De leurs mains puissantes, les deux rivaux s'empoignent par les bras. Mais Ulysse ne parvient pas à faire glisser Ajax, ni à le mettre à terre. De son côté, Ajax ne peut venir à bout de la résistance d'Ulysse. Ils ont beau tirer, pousser, rien n'y fait. Enfin, Ajax soulève son opposant. Ulysse n'oublie pas qu'il est expert en ruses : il frappe Ajax par derrière, au jarret, lui fait plier les genoux et le renverse. Il veut alors soulever son rival. Mais c'est à peine s'il le bouge du sol, sans parvenir à le faire décoller. Et l'instant d'après, c'est lui qui s'abat sur le sol, à côté de l'autre, dans la poussière.

À peine remis sur leurs pieds, ils s'apprêtent à reprendre la lutte quand Achille les arrête en disant :

— Ne vous épuisez pas plus longtemps. La victoire vous revient également à tous les deux, vous recevrez des prix égaux.

Les deux lutteurs l'écoutent et, après avoir essuyé la poussière qui les souille et revêtu leur tunique, ils laissent la place aux concurrents de la prochaine épreuve.

C'est celle de la course à pied qu'Achille a richement dotée. Le vainqueur recevra un cratère en argent massif d'une beauté exceptionnelle, le deuxième, un grand bœuf, florissant de graisse, et le troisième, un demi-talent d'or.

Les candidats sont trois : le petit Ajax, Ulysse et Antiloque qui se mettent en ligne. Achille leur montre la borne qu'ils devront contourner.

Depuis le départ, Ajax court en tête. Ulysse le suit, sans trop forcer. Puis, une fois la borne passée, Ajax accélère l'allure. Ulysse ne fléchit pas. Il est si près que son rival sent son haleine sur son cou.

Les Achéens, voyant qu'Ulysse ne veut pas se laisser distancer, crient pour encourager leur favori. Mais déjà le but approche et Ulysse est toujours derrière Ajax. Alors, il se met à prier Athéna aux yeux pers :

— Déesse ! Viens au secours de mes pieds.

Athéna entend sa prière. Au moment où Ajax va gagner la course, elle le fait déraper, juste à l'endroit où s'étale la bouse des bœufs qu'on a immolés. Le voilà par terre, la bouche et les narines pleines de fiente. C'est Ulysse qui gagne le cratère.

Quant à Ajax, quand il saisit la corne du bœuf, il crache encore de la bouse. À ceux qui se moquent de lui, il lance :

— J'aurais voulu vous y voir. C'est une déesse qui m'a emmêlé les pieds.

Ce qui fait redoubler les rires.

Mais déjà, Achille reprend la parole :

— J'invite maintenant deux guerriers en armes à se mesurer. Celui qui, le premier, effleurera la peau et fera couler le sang noir de l'autre recevra ce poignard orné de clous d'argent.

Le grand Ajax alors se présente et, face à lui, le valeureux Diomède. Chacun de son côté, ils endossent l'armure, c'est l'affaire juste d'un instant. Puis les armes en main, ils gagnent pesamment le centre de l'arène en se jetant de terribles regards.

Par trois fois, ils s'élancent l'un contre l'autre avec furie. Sans résultat. Lors du quatrième assaut, enfin, Ajax pique le bouclier rond de Diomède. Mais la cuirasse protège la peau, le fer ne la touche pas. À son tour, Diomède darde sa lance et c'est d'un souffle qu'il manque de toucher son adversaire au cou.

Alors, les Achéens prennent peur pour la vie des combattants. D'une seule voix, ils demandent que le combat cesse. Aux deux braves, déclarés ex aequo, sont remis des prix égaux.

Tandis qu'ils se retirent, Achille montre aux Grecs assemblés un gros bloc de fer brut.

— Voici, dit-il, le prix de l'épreuve suivante. Celui qui lancera ce bloc le plus loin en deviendra propriétaire. Et ainsi, même s'il possède de vastes domaines, il aura du fer pour les cultiver pendant des années et des années.

Polypoétès s'écrie aussitôt « Moi ! » imité par Léontée, le grand Ajax et Épéios. Les quatre concurrents se rangent à la file, dans l'ordre qu'a désigné le sort.

Le premier, Épéios se saisit du bloc : il le lance en le faisant tournoyer. Mais son essai est si médiocre qu'il déclenche de nombreux rires moqueurs. Après lui, lance Léontée. Comme il fait beaucoup mieux, personne ne rit. Après vient le tour d'Ajax : il dépasse de loin la marque des deux autres. Déjà, il se voit vainqueur et se pavane en bombant le torse. Le dernier, Polypoétès s'empare du bloc et l'envoie aussi loin qu'un bouvier projette son bâton en le faisant voler à travers les vaches du troupeau.

Sous les cris enthousiastes, Polypoétès se retire avec son prix pendant qu'Achille, sans perdre de temps, fait apporter les récompenses pour les tireurs à l'arc. Ce sont dix haches en fer à double tranchant pour le vainqueur et dix à un seul tranchant pour son second.

Voici quelle est la cible : en haut du mât d'un navire qu'on plante dans le sable, on attache une colombe par la patte, avec un mince cordonnet.

Ils sont deux à vouloir concourir : le roi Teucer et Mérion.

Le sort désigne Teucer pour tirer en premier. Sa flèche aussitôt part avec vigueur. Mais il oublie de promettre à Apollon de lui sacrifier un agneau premier-né. Du coup, il manque l'oiseau car Apollon ne guide pas sa flèche. Il atteint tout de même le cordonnet qu'il coupe. Libéré, l'oiseau s'élance dans le ciel tandis que les Achéens applaudissent à grand bruit.

Mais Mérion ne se tient pas pour battu. Il arrache l'arc des mains de Teucer, y place la flèche qu'il tenait prête. Au moment de relâcher la corde, lui n'oublie pas de promettre un sacrifice à Apollon.

Très haut, sous les nuages, la colombe tournoie ; il l'atteint sous l'aile, en plein milieu du corps. L'oiseau vient se poser sur le mât du navire, laisse pendre son col et retomber ses ailes au plumage serré. La vie sans plus tarder s'envole de ses membres et le voilà qui s'abat au sol.

Sous le regard des Grecs saisis d'admiration, Mérion enlève les dix haches à double tranchant qu'il a amplement méritées. Quant à Teucer, battu, il se contente des dix autres.

Pendant ce temps se prépare la dernière épreuve. Achille apporte dans l'arène une longue pique en bronze et un bassin n'allant pas sur le feu. Ils sont destinés à récompenser les lanceurs de javelot.

Pour cette épreuve, deux guerriers seulement sont en lice : le roi Agamemnon et, de nouveau, Mérion.

Alors, Achille s'exclame :

— Grand roi, nous savons à quel point tu nous surpasses tous au jet du javelot. Aussi, sois généreux. Prends pour toi le bassin. La pique ira à Mérion, si tu y consens.

Magnanime, Agamemnon accepte volontiers.

Sur quoi, l'assemblée se disperse. Et chacun regagne ses vaisseaux en songeant au dîner et au sommeil réparateur.

Les larmes d'un vieux roi

Résumé des épisodes précédents.

Après presque dix ans de siège et de combats acharnés, Troie tient toujours bon.

Les Troyens ont même failli prendre le dessus quand Achille s'est retiré du combat. Il était fou furieux à cause d'un abus de pouvoir du roi Agamemnon.

À ce moment-là, Hector a mené ses troupes jusqu'au camp des Grecs. Il a même failli brûler leurs bateaux.

C'est alors que Patrocle, l'ami d'Achille, s'est de nouveau mêlé à la lutte. Il a fait reculer les Troyens jusqu'au moment où Hector l'a tué.

La mort de Patrocle a ramené Achille sur le champ de bataille avec une seule idée en tête : venger son compagnon. Il a poursuivi Hector et, comme ce dernier n'était pas de force, il l'a tué d'un coup de lance. Puis il a ramené son cadavre au camp en le traînant ignominieusement derrière son char.

Alors que, près de la mer, se terminent les jeux funèbres célébrés en l'honneur de Patrocle, Priam, dans son palais, est fou de douleur. Va-t-il laisser le cadavre de son fils aux mains d'Achille ?

Dans le silence de sa grotte marine, loin de l'agitation des hommes, Thétis est assise auprès de son vieux père quand Iris paraît soudain devant elle.

— Lève-toi ! dit-elle. Zeus t'appelle auprès de lui.

Thétis prend un voile sombre et suit aussitôt Iris qui la conduit tout droit auprès de Zeus.

— Merci d'être venue, lui dit ce dernier en la voyant. J'ai besoin de tes services. Les dieux, vois-tu, sont en désaccord sur le cadavre d'Hector. Tous sont d'avis qu'il doit revenir à ses parents pour qu'ils lui rendent les hommages funèbres. Seulement, certains veulent envoyer Hermès le dérober et le rapporter à Troie tandis que moi, je veux offrir à Achille la gloire de le restituer lui-même. Va donc dire à ton fils que les dieux se fâcheront contre lui s'il persiste à garder Hector. En même temps, je dépêche Iris auprès de Priam pour le pousser à racheter son rejeton moyennant une rançon.

Sans perdre un moment, Thétis se rend auprès de son fils, dans le camp. Elle s'assied près de lui, lui caresse la tête de la main et dit :

— Mon enfant, jusqu'à quand l'amère vengeance rongera-t-elle ton cœur ? Renonces-y plutôt car ton obstination à garder Hector déplaît aux dieux ! Aussi, suis mon conseil : accepte la rançon qu'on va t'offrir et rends le cadavre.

— S'il en est ainsi, répond Achille, que le porteur de la rançon vienne à moi. Je le laisserai emmener le cadavre, puisque Zeus et tous les dieux le demandent !

Pendant ce temps Iris arrive au palais de Priam ; elle n'y trouve que pleurs et lamentations. Le vieux roi, lui-même, est tout recouvert de la cendre et de la poussière qu'il a versées à pleines mains sur sa tête chenue.

— Priam, dit-elle, sache que Zeus a pitié de toi. Voici ce qu'il te conseille : va trouver Achille sans plus tarder. Pars avec un seul serviteur, un homme de ton âge. Emportez assez de richesses pour calmer la colère d'Achille. Et surtout, n'aie aucun souci pour ta sécurité car Hermès veillera sur toi.

Aussitôt, Priam ordonne à ses fils de brider les mulets, de les atteler et de placer sur le char une grande malle en osier. Lui descend dans sa chambre au trésor. Il soulève les couvercles de ses coffres, en extrait douze belles robes, douze couvertures, autant de tapis, autant de pièces de lin blanc et autant de tuniques. Puis il remonte en emportant dix talents d'or ainsi que deux trépieds, quatre chaudrons et une très belle coupe en or que lui a offerte, jadis, le roi de Thrace.

Il est en train de ranger la rançon dans le coffre quand Hécube paraît, une coupe de vin à la main. S'arrêtant devant son époux, elle lui tend la coupe en disant :

— Tiens ! offre une libation à Zeus pour que tu reviennes sain et sauf de chez tes ennemis.

Alors le vieillard demande à une servante de lui verser de l'eau propre sur les mains. Quand il s'est lavé, Priam prend la coupe que tend son épouse. Debout près de la porte, il fait couler le vin au sol en regardant le ciel et prie en ces termes :

— Zeus Père, fais que j'arrive chez Achille et qu'il m'écoute favorablement !

Sur quoi le vieux Priam grimpe sur le char près de son serviteur. Il fouette les mulets, leur fait franchir la porte ouest. En le regardant sortir de la ville, tous ses proches pleurent comme s'il s'en allait vers une mort certaine.

Pourtant, à peine les deux hommes sont-ils dans la plaine que Zeus ordonne à son fils :

— Hermès, va conduire Priam jusqu'au fils de Pélée. Et fais en sorte que personne ne l'aperçoive avant qu'il y soit.

Hermès ne se le fait pas dire deux fois. Il prend son essor et, sous l'aspect d'un jeune homme à la barbe naissante, rejoint le char près du fleuve où Priam s'est arrêté pour faire boire les bêtes.

En le voyant approcher, le serviteur dit à Priam :

— Attention, un homme vient ! Si nous ne voulons pas être taillés en morceaux, il faut fuir ou nous jeter à ses genoux et le supplier de nous épargner.

En l'entendant, le vieux Priam est envahi d'une frayeur irrépressible. Son poil se dresse sur ses vieux membres que l'effroi cloue sur place. Mais Hermès lui prend la main et dit gentiment :

— N'aie pas peur, vénérable vieillard. Je ne te ferai aucun mal car tu me rappelles mon propre père. Dis-moi plutôt où tu conduis ces mules.

Rassuré par le ton aimable du jeune homme, Priam répond :

— Pour ne rien te cacher, c'est chez Achille que je me rends.

— Je suis moi-même un de ses familiers. Mon père s'appelle Polyctor et je suis son septième fils. Le tirage au sort m'a désigné pour suivre Achille ici comme soldat. Si tu le veux bien, je te conduirai jusqu'à lui.

— Je vois que les dieux me sont favorables, répond Priam, puisqu'ils m'envoient un guide tel que toi. C'est avec gratitude que je te suivrai. Mais avant, puisque tu viens du camp d'Achille, tu pourras peut-être me dire dans quel état se trouve le malheureux Hector.

— Vieillard, sache-le, répond le prétendu jeune homme, ni les chiens ni les rapaces n'ont touché son cadavre. Il gît près du vaisseau d'Achille tel qu'il était quand on l'a apporté : sa chair ne s'altère pas et les mouches se tiennent à l'écart. En fait, les dieux prennent soin de lui car il était leur préféré parmi les Troyens.

En l'entendant, le cœur de Priam bondit de joie dans sa vieille poitrine. Il invite le jeune homme à prendre place sur le char. Aussitôt, Hermès monte près de lui et, saisissant le fouet et les rênes de ses mains divines, il lance les mulets au trot et les incite à soutenir l'allure.

Bientôt, le char et ses occupants atteignent le mur et le fossé qui protègent les vaisseaux des Myrmidons ; les gardes sont en train de finir leur repas du soir. Hermès fait tomber le sommeil sur les paupières de tous, ouvre les portes en soulevant la barre et fait avancer le char jusqu'à la tente d'Achille.

C'est une haute tente que les soldats ont bâtie pour leur roi avec des troncs de sapins. Ils l'ont couverte avec des roseaux qu'ils sont allés couper dans les marais. À l'aide de pieux plantés serré, ils ont délimité tout autour une cour que ferme une porte unique.

Dès qu'il l'a ouverte pour faire entrer le char dans la cour, Hermès dit à Priam :

— Vieux roi, maintenant je te laisse. Toi, entre, jette-toi aux pieds d'Achille et prends ses genoux entre tes bras. En évoquant son père qui te ressemble afin de l'émouvoir, convaincs-le de te laisser Hector. Sois hardi, ne crains rien, les dieux sont avec toi.

Sur ces mots, il disparaît aux yeux de Priam pour remonter sur l'Olympe élancé. Priam alors comprend qu'il a eu affaire à un Immortel. Son courage s'en trouve augmenté dans sa poitrine. Il saute du char, laisse dans la cour son serviteur et entre chez Achille.

Il le trouve assis sur un fauteuil, tout absorbé dans ses tristes pensées. Sans se faire voir des serviteurs, Priam s'approche d'Achille, se jette à ses pieds et entoure ses genoux de ses bras en baisant ses mains homicides.

Stupéfait, Achille ne bouge pas.

— Songe à ton père, Achille, dit alors Priam. Il est parvenu comme moi à l'orée de sa vieillesse. Mais lui, quand on lui dit que tu es toujours en vie, il peut espérer ton retour, ce qui réjouit son âme. Tandis qu'il ne me reste pour ainsi dire aucun fils, moi qui en ai pourtant engendré cinquante. Car le plus brave, celui qui à mes yeux était comme unique, tu l'as tué tandis qu'il combattait pour sa ville ! C'est lui que je viens racheter en t'apportant une rançon non négligeable. Je t'en prie, Achille, prends pitié des larmes d'un vieux père.

Ces paroles éveillent chez Achille l'image de Pélée qu'il ne reverra pas. Doucement, il écarte le vieillard de ses mains.

Pendant un long moment, tous les deux se souviennent en silence. L'un, agenouillé aux pieds d'Achille, songe à Hector. L'autre évoque son père et aussi Patrocle.

Finalement, Achille quitte son siège et relève le vieillard dont les cheveux blancs l'ont ému.

— Malheureux homme, lui dit-il, comment as-tu trouvé le courage de venir ainsi, tout seul, chez l'homme qui a tué nombre de tes fils ? Mais viens ! Assieds-toi sur ce siège et laisse tes larmes de côté car elles ne ressusciteront pas ton brave fils.

— Ne me demande pas de m'asseoir tant qu'Hector reste à l'abandon sur le sol. Rends-le-moi au plus vite. Et prends pour toi les richesses que je t'ai apportées.

Alors, sans rien dire d'autre, Achille sort de sa tente. Il appelle deux de ses serviteurs, leur demande de dételer les mulets et de décharger le char. L'un après l'autre, les hommes tirent du coffre les trésors que Priam y a mis et les portent sur le vaisseau d'Achille. Ils veillent toutefois à laisser sur le char deux grandes pièces de lin, pour envelopper le corps d'Hector.

Quand ils ont terminé, Achille appelle ses servantes. Il leur ordonne de laver le corps d'Hector avec soin, pour le débarrasser du sang et de la poussière qui le souillent. Après quoi, sur son ordre, elles l'enduisent d'huile parfumée et, pour finir, l'enveloppent dans le tissu, afin que Priam ne risque pas de l'apercevoir. Achille craint en effet que le vieillard, s'il voit son fils, ne tienne des propos irritants dictés par le chagrin. Et il redoute la violence de sa propre réaction alors : tuer Priam, même sous l'effet de la colère, ce serait désobéir aux dieux.

Pour finir, les serviteurs prennent le corps et le posent sur le char. En le voyant ainsi, prêt à regagner Troie, Achille gémit et invoque Patrocle :

— Ne m'en veux pas si tu apprends que, malgré ma promesse, j'ai rendu Hector à son père. Je l'ai fait pour obéir aux dieux, non pas pour offenser ta mémoire !

Sur ces mots, il revient sous la tente dire à Priam :

— Ton fils est libre comme tu le voulais. Il est allongé sur ton char. Tu le verras dès demain matin, lorsque paraîtra l'Aurore. À ce moment-là, tu pourras l'emporter. Mais en attendant, il faut songer à nous sustenter. Ne refuse pas : tu auras tout le temps de pleurer ton rejeton lorsque tu l'auras reconduit dans ta ville.

Le temps qu'il finisse de parler, ses serviteurs ont déjà égorgé un mouton. Ils l'écorchent, le découpent en petits morceaux friands qu'ils font griller. Ils apportent du pain sur les tables, mélangent le vin, le versent dans les coupes.

Quand les deux rois ont chassé la faim et la soif de leurs corps, Priam demande à Achille :

— Donne-moi un lit sans plus tarder car je sens que mes paupières se ferment sur mes yeux. Depuis que mon fils a perdu la vie, je n'avais plus mangé ni bu de vin. Et depuis ce moment funeste, je n'ai pas non plus cédé au sommeil qui apaise les maux.

Alors Achille envoie ses serviteurs dresser un lit pour le vieux roi dans le vestibule de sa tente. Les servantes le garnissent de couvertures de laine pourpre et d'épais tapis de feutre qui protégeront le dormeur des brumes qui montent de la mer.

Avant de le quitter, Achille demande encore à son hôte :

— Dis-moi, combien de jours te faut-il pour célébrer dignement les funérailles d'Hector ? Pendant ce temps-là, nous observerons une trêve et l'armée des Grecs restera au camp.

Le vieux Priam répond :

— Cette trêve, je n'osais pas te la proposer. Mais elle nous sera très utile : tu sais qu'il faut aller loin dans la montagne pour trouver du bois. Aussi, voici ce que je suggère : nous pourrions pleurer Hector pendant neuf jours. Le dixième, nous procéderions à ses funérailles et le peuple de Troie ferait le banquet funéraire. Le onzième nous érigerions un tertre sur son corps et le douzième nous reprendrions le combat.

— Il sera fait comme tu le demandes, vénérable Priam, répond Achille. La guerre restera suspendue douze jours selon tes souhaits.

Ayant ainsi parlé, Achille prend la main du vieillard dans la sienne et le conduit jusqu'au lit qu'il a fait dresser dans le vestibule. Puis lui-même gagne sa couche où l'attend Briséis aux belles joues.

Bientôt, dans le camp, dans la plaine et dans Troie, tout le monde dort, à part Hermès, qui réfléchit au moyen de ramener Priam dans sa ville. Le voici qui s'approche du vieux roi pour lui dire :

— Tu n'as donc aucune notion du danger puisque tu dors ainsi au milieu du camp de tes ennemis ? Tu as obtenu qu'on te rende le corps d'Hector. C'est bien ! Mais songe un peu à la rançon que devront verser les enfants qui te restent si d'aventure Agamemnon ou un autre des chefs grecs te reconnaissent !

En l'entendant, Priam s'inquiète. Il s'empresse de réveiller son serviteur. Hermès, de son côté, attelle les mulets. Puis, dès qu'ils sont montés sur le char, le dieu le lance au galop à travers le camp. Sous sa conduite divine, ils sortent sans que personne les reconnaisse.

L'Odyssée

De nos jours, le mot odyssée est devenu un nom commun ; c'est un voyage plein d'aventures ou une succession d'événements extraordinaires. Au départ, c'est un gros roman en vers qui raconte les aventures souvent fantastiques que connaît Ulysse – dont le nom grec est Odusseus – lors de son retour de Troie.

Dans l'épopée originale, on peut lire aussi le voyage que Télémaque, le fils d'Ulysse, fait sur le continent pour chercher des nouvelles de son père. Force est de dire que son périple est moins passionnant que l'équipée fantastique d'Ulysse. Il ne figure donc pas dans ce recueil : les sept récits tirés de *L'Odyssée* qui suivent ont Ulysse pour acteur principal.

Un Ulysse que les spécialistes se sont efforcés de suivre dans sa navigation tout autour de la Méditerranée. Souvent, en effet, les indications données par Homère ou la tradition permettent de reconnaître les lieux où se déroulent les diverses péripéties. Ainsi, les vaches du Soleil ont-elles leurs pacages en Sicile. Charybde et Scylla tendent leurs pièges dans le détroit de Messine. Le Cyclope hante les parages du Vésuve. Calypso réside près du détroit de Gibraltar et Circé au nord de Gaète.

Mais le mieux, c'est encore d'aller y voir soi-même, en lisant…

Chez Polyphème le Cyclope

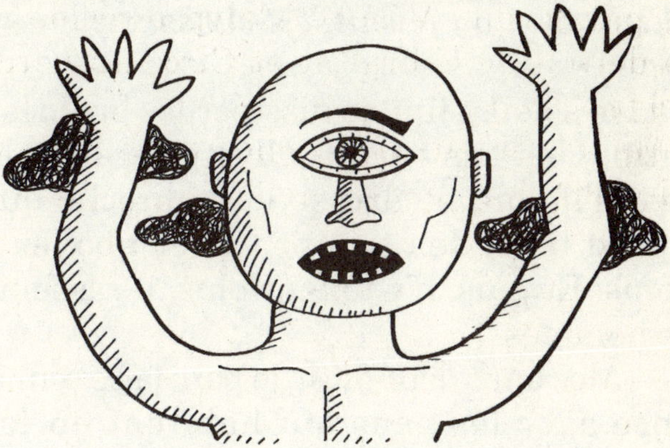

Résumé des épisodes précédents.

Après dix ans de guerre, les Grecs sont venus à bout de Troie. Après qu'ils l'ont pillée et qu'ils se sont partagé le butin, ils se sont embarqués pour regagner leur pays respectif. Ulysse, le roi d'Ithaque, a pris la mer comme les autres.

Alors qu'il a mis le cap sur son île, une violente tempête l'entraîne avec sa flotte dans la mauvaise direction.

Neuf jours durant, les navires dérivent avant d'aborder un îlot inhabité. Comme les chèvres y vivent en abondance, les marins peuvent se restaurer et refaire leurs forces. Bientôt, ils sont de nouveau prêts à prendre la mer. Mais l'île voisine, beaucoup plus grande, est habitée.

Et Ulysse, on le sait, est curieux…

Le soleil a fini de dissiper les brumes du matin. Une fois encore, Ulysse regarde avec envie l'île qui se dresse là, si proche qu'on entend bêler les troupeaux et aboyer les chiens. Et puis, n'y tenant plus, il rassemble ses hommes.

— Mes amis, leur dit-il, je pars faire connaissance avec les gens qui habitent en face. J'emmène seulement mon vaisseau et son équipage. Le reste de la flotte va demeurer ici, à nous attendre.

Aussitôt, on s'embarque et on hisse la voile. La traversée est courte et se fait sans histoire. Bientôt, le navire accoste dans une petite crique où il sera en sûreté.

Après avoir choisi douze hommes qui l'accompagneront, Ulysse confie le bateau au reste de l'équipage. Puis lui et ses compagnons entreprennent d'escalader la colline en emportant avec eux une grosse outre pleine de bon vin.

Arrivés à mi-pente environ, ils tombent sur une caverne dont l'entrée est ombragée de lauriers. Devant, s'étend une cour bien clôturée d'une haute palissade de chênes et de pins. Il est visible que cette grotte sert d'étable à un important troupeau de brebis et de chèvres.

Dedans, il n'y a personne. En revanche, ils y trouvent quantité de paniers chargés de fromages et aussi des agneaux et des chevreaux en grand nombre, de tous âges et de toutes tailles, parqués selon l'époque de leur naissance. Des vases en métal pleins de lait, des jattes et des seaux pour traire sont soigneusement rangés le long des parois.

Aussitôt, ses compagnons suggèrent à Ulysse :

— Prenons les fromages et le bétail et courons vite au vaisseau pour nous mettre à l'abri sur la mer écumante.

Mais Ulysse leur répond :

— Je veux voir de mes yeux à quoi ressemble l'occupant de ces lieux. Attendons-le plutôt.

Un bref moment, les hommes se consultent. Puis, cédant eux aussi à la curiosité, ils acceptent de rester. On allume du feu, on grille de la viande et chacun se régale abondamment de fromage. Puis, le ventre plein, tous s'assoient et attendent.

Le soir qui vient ramène au logis le maître des lieux et son troupeau. Mais quand ils le voient arriver, Ulysse et ses compagnons regrettent leur curiosité. Car plus qu'à un homme, c'est à une montagne immense et sauvage que ressemble leur hôte. Il vient les bras chargés d'un énorme fagot de bois sec pour le feu du dîner. Quand il le jette au sol, cela fait tant de bruit que tous, pris de panique, se réfugient précipitamment au fond de la caverne.

Lui ne les remarque pas. Il fait entrer dans la grotte les femelles à traire, brebis et chèvres, en laissant dans la cour les moutons et les boucs. Puis il bouche l'entrée au moyen d'un gigantesque rocher que cent hommes vigoureux ne pourraient pas déplacer.

Une fois ce portail monumental en place, il va à chacune des femelles, la trait puis lâche sous chacune d'elle un petit.

Bien vite les seaux sont pleins. Il fait cailler la moitié de sa traite, l'égoutte et la dispose sur des claies. L'autre moitié du lait, il la met de côté, pour la boire à son repas.

C'est alors, en allumant le feu, qu'il voit ses visiteurs tapis dans l'ombre au fond de l'antre. D'une voix rude, il leur demande :

— Étrangers, votre nom ? D'où venez-vous ? Faites-vous du commerce ou êtes-vous des pillards qui portez avec vous le malheur ?

À l'entendre, tous sont terrorisés car sa voix rauque, bien en rapport avec sa taille démesurée, ressemble au grondement de la tempête. Tous sauf Ulysse, qui lui répond crânement :

— Nous sommes des Grecs qui revenons de Troie. Des vents contraires nous ont égarés et nous sommes arrivés ici sans le vouloir. Nous te supplions, au nom de Zeus, de nous héberger conformément aux lois sacrées de l'hospitalité.

Mais lui se contente de ricaner avant de dire :

— Tu es bien naïf, étranger, en invoquant les dieux ! Nous autres, les Cyclopes, nous ne nous soucions ni de Zeus ni des autres

Immortels. Sache que si jamais je t'épargne, ce sera juste parce j'en ai envie. Mais dis-moi plutôt où tu as amarré ton vaisseau?

Ulysse a compris que l'autre cherche à finasser et qu'il ne faut pas lui faire confiance. Il répond avec beaucoup de conviction :

— Poséidon – hélas ! – a brisé notre navire en le jetant sur les rochers de votre île. Crois-le, c'est de bien peu que mes amis et moi avons échappé à la mort !

L'autre ne réplique rien. Avec un mauvais sourire, il s'avance vers les malheureux compagnons d'Ulysse que la terreur paralyse. Il tend la main, en saisit deux à la fois, les frappe contre le sol de pierre comme on fait de chiens nouveau-nés pour les tuer. Leur cervelle coule sur la terre et inonde le sol. Il leur arrache les membres, il les découpe, les apprête pour son dîner et les mange tout entiers, sans même en laisser les entrailles ni les os remplis de blanche moelle.

Puis, lorsqu'il a fini de remplir sa large panse de chair humaine et de lait, il se couche de tout son long au milieu des brebis. Et bientôt, la caverne résonne de ronflements sonores.

Sans plus attendre, Ulysse tire son épée du fourreau. En quelques bonds, il est aux côtés du monstre, prêt à lui plonger la lame acérée dans le cœur. Mais une pensée le retient soudain : « S'il meurt pendant son sommeil, songe-t-il, qui déplacera la pierre qui bouche la sortie ? Enfermés dans cette caverne, mes amis et moi allons mourir d'une mort horrible ! »

Alors, en gémissant devant son impuissance, il range son épée et rejoint tristement ses compagnons d'infortune.

Le lendemain, dès que paraît l'Aurore, voici le Cyclope qui se lève, qui allume du feu, trait ses brebis laineuses et ses chèvres, abreuve les petits. Puis, une fois fini son labeur matinal, il prend encore deux hommes, les tue et les prépare pour en faire son petit déjeuner. Après quoi, il ôte la pierre, mène dehors le troupeau et la remet en place sans effort. Puis il s'éloigne à pas pesants tout en sifflant pour diriger ses bêtes.

Dans la pénombre de la grotte, Ulysse rumine le moyen de venger la mort odieuse de ses compagnons. Comment va-t-il punir ce monstre des crimes dont il s'est rendu coupable ?

Il s'aperçoit soudain que le Cyclope a oublié son bâton de berger, un énorme tronc d'olivier noueux qui ferait un mât de vaisseau respectable. Ulysse s'en approche. Avec son épée bien aiguisée, il en coupe un morceau de la taille d'un homme à peu près. Aussitôt, tous les autres se mettent au travail avec lui. Ils écorcent le tronçon de bois, le polissent pour le rendre parfaitement lisse et supprimer les nœuds. Enfin, ils taillent son extrémité en pointe et la font durcir en la passant au feu.

Quand il est prêt, Ulysse cache cet épieu bien appointé sous le tas de fumier. Puis, le cœur serré par l'angoisse, tout le monde attend le moment où le monstre reparaîtra.

Il revient lorsque tombe le soir. Mais cette fois, il fait entrer aussi les boucs et béliers, sans en laisser un seul hors de la caverne. Comme la veille, il remet en place le bloc qui sert de porte avant de s'occuper de ses bêtes, de les traire et de les panser, ainsi qu'il le fait chaque soir. Puis, de nouveau, il sacrifie deux autres malheureux marins et, les ayant préparés, s'en repaît.

À peine a-t-il fini son infâme repas qu'Ulysse s'avance vers lui, une jatte pleine de vin à la main.

— Cyclope ! dit-il d'un ton aimable qui dissimule sa colère, bois donc un peu de vin pour faire descendre les viandes que tu viens de manger. Tu verras, il est excellent ! C'est la coupe que je voulais t'offrir dans l'espoir qu'en échange, tu me ferais l'honneur de ton hospitalité.

Lui, sans méfiance, prend la coupe et la vide d'un trait. Le vin lui semble exquis. Il en veut d'autre aussitôt et demande :

— Étranger, verse-m'en encore, et dis-moi ton nom. La vigne pousse aussi sur notre île mais le vin qu'on y fait ne vaut pas celui-ci et de loin ! Il est seulement comparable au nectar dont les dieux se nourrissent !

Aussitôt, Ulysse lui verse une autre rasade qu'il avale aussi goulûment que la première. Et aussitôt qu'il l'a bue, il en redemande. Deux fois encore, Ulysse lui tend la jatte pleine. À chaque fois, il la lampe d'un trait.

Mais le vin est très fort. Lui l'a bu pur et sans modération. Ulysse constate bientôt avec plaisir qu'il commence à produire son effet et que peu à peu la brume envahit l'esprit du Cyclope.

— Tu veux savoir mon nom ? dit-il alors. Entends-le : c'est « Personne » que me baptisèrent mon père et ma mère.

Aussitôt, le monstre lui répond en bafouillant car le vin lui tourne la tête :

— Pers… onne, écoute-moi. Mon cadeau d'hosp… italité, le voici : je te man… gerai le dernier !

À peine a-t-il fini de parler qu'il s'affale sur le dos, le ventre en l'air, la tête un peu penchée sur le côté. Le sommeil s'empare de lui aussitôt, lui qui terrasse tous les êtres. Ulysse l'observe un moment sans bouger. Bientôt, il est certain que le monstre ne s'éveillera pas, il dort profondément. Dans son sommeil d'ivrogne, il rote même plusieurs fois et de sa gorge jaillissent du vin et de la viande humaine.

Ulysse voit l'ennemi à sa merci. Sans perdre le moindre instant, il tire l'épieu de sa cachette, le remet au feu, fait signe à ceux qui restent de ses compagnons pour qu'ils viennent l'aider.

Le bois d'olivier est sur le point de brûler – on le voit rougeoyer dans les cendres. Alors Ulysse :

— Mes amis, dit-il à voix basse, le moment est venu de venger nos amis et de regagner la liberté. Que les dieux immortels nous assistent et empêchent nos bras de faiblir !

Ils tirent l'épieu du feu et, unissant leurs forces, le plantent profondément dans l'œil unique du Cyclope. Le sang gicle autour de la pointe tandis que dans un grand sifflement de métal en fusion qu'on trempe dans l'eau froide, la prunelle du monstre coule sur ses cils et ses sourcils brûlés.

Il pousse un cri affreux qui fait trembler le rocher où est percée la caverne. Il arrache l'épieu de son œil crevé, le jette loin de lui. En tâtonnant, il cherche à saisir ses bourreaux. Mais Ulysse et ses compagnons ne l'attendent pas. Ils se tapissent hors de portée, au fond de la grotte.

Alors, de sa puissante voix, il appelle à la rescousse les autres Cyclopes, ses voisins. Tous l'entendent. Il en sort de partout des cavernes voisines et, ensemble, ils viennent lui demander :

— Dis-nous, Polyphème, pourquoi pousses-tu des cris de douleur dans la nuit immortelle ? Y a-t-il quelqu'un qui cherche à te tuer ?

— C'est Personne ! répond-il de sa terrible voix.

— Allons, dis-nous qui t'a blessé !

— Personne ! je vous dis !

— Dans ce cas, lui répondent-ils, si tu es seul et que tu as mal, tu souffres d'une maladie que t'envoie le grand Zeus. Nous ne pouvons rien pour toi ! La seule chose à faire, c'est de prier Poséidon, notre père.

Sur ces bonnes paroles, les Cyclopes tournent les talons et rentrent chacun chez soi.

Dans la grotte, Polyphème ne pense plus qu'à sa vengeance. En tâtonnant un peu, il ôte le bloc de pierre qui bouchait l'entrée puis s'assied près du seuil. Il attend. Il pense qu'en voyant la sortie dégagée, ses prisonniers vont se précipiter pour fuir et qu'il n'aura qu'à les cueillir au passage.

Mais la ruse est trop grossière. Ulysse ne s'y fera pas prendre. D'autant que pour sortir il a aussi son plan.

Avec les brins d'osier dont le Cyclope se sert pour fabriquer ses paniers, il attache d'abord des béliers trois par trois. Il choisit de fortes bêtes, bien nourries, à la toison épaisse. Sous celui du milieu, il arrime chaque fois un des ses compagnons. L'homme, dont le poids est ainsi supporté par trois animaux, se trouve en même temps protégé par les deux bêtes des côtés.

Quand il a fini d'installer ses compagnons, Ulysse, qui s'est réservé le plus grand des béliers, le saisit par le dos et, caché dans sa laine, s'accroche à son ventre. Puis, dans cette position, ils attendent le jour avec une impatience grandissante.

Lorsque paraît enfin l'Aurore aux doigts de rose, les boucs et les béliers sortent pour aller paître tandis que les brebis et les chèvres, qu'on n'a pas traites, bêlent lamentablement car le pis leur fait mal.

Polyphème, malgré sa douleur, palpe une à une les bêtes qui passent devant lui. Mais il ne pense pas à vérifier ce qui leur pend sous le ventre.

Le bélier qui porte Ulysse se présente le dernier à son inspection. Le Cyclope tâte la bête et, le reconnaissant, dit de sa grosse voix :

— Qu'est-ce qu'il t'arrive ? Te voici le dernier à sortir ce matin alors que d'habitude c'est toi qui mènes le troupeau paître l'herbe des collines. Est-ce la perte de mon œil qui t'attriste ? Mon œil qu'ont crevé ce maudit Personne et ses compagnons. Ah ! si tu pouvais me dire où ce brigand se cache, tu verrais sa cervelle tapisser les murs et le sol de la grotte !

En prononçant ces mots, il lâche le bélier qui emporte dehors sa cargaison humaine. Dès qu'il s'est assez éloigné, Ulysse lâche sa prise et se laisse glisser au sol. En un tour de main, il délivre ses hommes puis, poussant devant eux les bêtes, tous courent au navire.

En voyant arriver leurs compagnons, ceux qui les attendaient poussent des cris de joie. Ulysse, aussitôt, les fait taire et leur demande d'attendre pour pleurer ceux qui ne reviennent pas !

— Il ne faut pas nous attarder ici ! leur dit-il. Quittons au plus vite ces rives inhospitalières !

Sitôt le bétail embarqué, les hommes hissent la voile et se mettent aux rames. Déjà, à bonne allure, le navire s'éloigne de la côte où les vagues blanchissent d'écume.

Mais voilà qu'en levant la tête, Ulysse aperçoit le Cyclope qui se tient près de l'entrée de sa caverne. Se jugeant assez loin pour être en sûreté, il l'interpelle en ces termes :

— Polyphème ! tu as reçu la juste punition de ta méchanceté, toi qui n'accueilles des hôtes que pour les dévorer ! Zeus, le garant de l'hospitalité, s'est bien vengé !

Sur le bateau, les marins le pressent de se taire.

— C'est inutile, disent-ils, d'exciter sa colère !

Mais au lieu de les écouter sagement, Ulysse continue de plus belle :

— Polyphème, si on te demande qui a crevé ton œil, répond que c'est Ulysse, fils de Laërte et vainqueur de Troie, qui a son palais en Ithaque !

À ces mots, le Cyclope comprend combien il a été berné. Dans son cœur, sa colère redouble. À deux mains, il arrache le sommet d'une haute montagne et le lance au jugé en direction de la voix. L'énorme roc tombe en avant du navire, il effleure sa proue sans la toucher. Mais sa chute provoque une vague énorme qui ramène le vaisseau presque à la côte. Affolés, les hommes redoublent d'effort sur les rames et supplient Ulysse de se taire. Mais lui, bien incapable de retenir sa langue, crie encore :

— Souviens-t'en bien, Cyclope, mon nom est Ulysse ! Sache que je t'aurais volontiers envoyé aux Enfers, si j'avais pu ! Aussi vrai que ton œil crevé ne guérira jamais !

Alors Polyphème, au comble de la rage, adresse cette prière à son père :

— Seigneur Poséidon, si je suis vraiment ton fils, fais en sorte que jamais cet Ulysse maudit, ni aucun de ses compagnons, ne revoient sa terre d'Ithaque !

Et saisissant un bloc de roche plus énorme encore que le premier, il le lance en y mettant toute sa force prodigieuse. Mais à nouveau le roc manque son but ; le navire est trop loin.

Encore quelques coups de rame et il touche à l'île où l'attend le reste de la flotte.

De chez Éole à chez Circé

Résumé des épisodes précédents.

Au terme de dix ans de siège, les Grecs ont fini par entrer dans Troie et l'ont détruite. Pour les héros, le moment était venu de rentrer chacun chez soi.

Ulysse et ses compatriotes se sont embarqués pour Ithaque. Mais une tempête a éclaté et les a fait dériver jusqu'à une petite île voisine du pays des Cyclopes.

Parti en exploration avec quelques-uns de ses compagnons, Ulysse est tombé sur Polyphème qui s'est révélé être anthropophage. Bien sûr, Ulysse ne s'est pas laissé dévorer. Il a crevé l'œil du monstre et, grâce à une ruse, est parvenu à s'enfuir. L'ennui c'est que le Cyclope est le fils de Poséidon. Et qu'il a demandé à son père de le venger…

Après une navigation sans incident notable, voici qu'Ulysse et ses compagnons arrivent en vue d'une île. Un palais à l'aspect imposant la domine. Une muraille de bronze aussi impossible à franchir qu'à briser l'entoure de tous les côtés. C'est l'Éolie, résidence d'Éole, le maître des vents.

Ulysse et ses compagnons y abordent et, après avoir tiré au sec les vaisseaux, se présentent au manoir.

Éole les reçoit très volontiers. Ses douze enfants habitent avec lui : six filles et six fils, qui sont tous d'âge adulte. À ses six filles, il a donné pour mari ses six fils, si bien qu'ils vivent tous ensemble, auprès de leur digne père et de leur vénérable mère.

Tout un mois, Éole garde les visiteurs sous son toit, à festoyer. Lui et ses enfants ne sont jamais las d'interroger Ulysse car ils veulent tout savoir de la prise de Troie et du départ de la flotte des Grecs.

Enfin, au bout de tout ce temps, Ulysse demande :

— Cher Éole, je te prie de me laisser me remettre en route avec mes compagnons. Sache-le, nous apprécions ton hospitalité et nous t'en remercions. Mais nous sommes très impatients de revoir notre chère patrie !

Éole le comprend et quoiqu'un peu déçu de voir partir des hôtes qui le distrayaient, il décide de faire tout ce qu'il peut pour favoriser leur retour. À cet effet, il écorche d'abord un taureau de neuf ans et coud sa peau de façon à en faire une grande outre. Puis il y enferme tous les vents contraires ou tempétueux qui auraient pu dérouter la flotte de sa destination. Après quoi, il descend à la grève et place lui-même le sac dans la cale du navire d'Ulysse en disant :

— Voilà qui garantira aux vaisseaux une navigation tranquille.

Puis, alors que les hommes reprennent leur poste près des rames et qu'on hisse la voile, il leur fait ses adieux. Plein de bienveillance, il permet à Zéphyr, et à lui seul, de souffler doucement en direction d'Ithaque.

Neuf jours et neuf nuits durant les navires fendent la mer sans rencontrer aucune embûche. Si bien qu'au matin du dixième jour apparaissent les côtes de l'île tant espérée. Déjà, depuis les bateaux, on peut en distinguer les champs et les prairies.

C'est alors qu'une irrépressible envie de dormir s'empare soudain d'Ulysse. Depuis le départ d'Éolie, il n'a voulu céder la barre à personne tant il était désireux d'arriver au pays. Mais à présent que le port est en vue, il peut sans risque – du moins le croit-il – se reposer un moment. Il s'allonge, tire sur lui son manteau et s'abandonne au doux sommeil.

À peine a-t-il fermé l'œil que les hommes d'équipage se mettent à discuter entre eux. Ce gros sac que le dieu a rangé lui-même dans la cale les intrigue terriblement.

— C'est de l'or ! dit l'un d'eux. Ou, du moins, de l'argent.

— En tout cas, il est plein de trésors ! dit un deuxième. Pensez, le dieu l'a apporté en personne sur le bateau.

— C'est trop injuste, dit un autre. Ulysse reçoit tous les cadeaux précieux tandis que nous, nous revenons les mains vides.

Du coup, tous brûlent de voir les merveilles que contient le sac. Ils courent dans la cale, dénouent le lien qui ferme l'outre. Les vents s'en échappent en mugissant. Aussitôt, une violente rafale emporte au large les vaisseaux alors qu'ils touchaient presque la terre.

Ulysse s'éveille en sursaut mais trop tard ! Il peut seulement constater le désastre : les vents déchaînés les remmènent tout droit d'où ils viennent. Et de fait, peu de temps après, ils abordent de nouveau l'île d'Éole.

Aussitôt, Ulysse descend à terre pour retourner au palais. Il trouve le maître des vents occupé à festoyer avec sa femme et ses enfants comme il en a l'habitude. Dès qu'il le voit paraître sur le seuil de la porte :

— Ulysse, demande-t-il, que fais-tu là ? J'avais pourtant pris toutes les précautions pour que tu retrouves ta patrie et ceux que tu chéris dans les meilleurs délais.

— Hélas, répond Ulysse. Tout le mal vient de mon funeste équipage et d'un sommeil au mauvais moment. Mes amis, je vous en supplie, venez-moi en aide, car je sais que vous le pouvez.

Mais cette fois, Éole le considère d'un œil sévère.

— Va-t'en ! lui dit-il. Je comprends à présent que tu es maudit des dieux ! Et je n'ai pas le droit d'aider un homme contre qui les Immortels ont pris parti.

Puis, sans vouloir entendre plus longtemps ses prières et ses supplications, il jette dehors le malheureux Ulysse.

Le cœur lourd, ce dernier regagne les vaisseaux pour reprendre la mer avec ses compagnons. Pendant six jours entiers, ils naviguent sans savoir où leurs vaisseaux les mènent, puis ils touchent un port bien abrité aux eaux profondes. À l'exception du navire d'Ulysse, qui s'arrime à un roc en dehors de la rade, toute la flotte s'y engage pour aller s'amarrer, bord contre bord, à proximité de la rive.

Sur terre personne n'est en vue. Parmi les marins, nul ne sait à qui appartient cette contrée. On désigne alors trois hommes pour aller la reconnaître.

En s'approchant d'une ville aux hautes murailles, ils croisent une jeune géante qui va puiser de l'eau à la fontaine. Ils l'abordent, ils lui parlent, demandent quel est ce pays et qui en est le roi.

Elle, tout de suite, les mène au logis de son père. Là, les trois matelots trouvent la mère, aussi grande qu'une montagne, qui s'empresse d'appeler son mari. Celui-ci, aussitôt, accourt et se présente : c'est Antiphatès, le roi des Lestrygons. Mais ses paroles de bienvenue ne sont qu'une feinte puisqu'en voyant les visiteurs, il ne forme qu'un projet : les tuer pour les manger.

Et, de fait, il parvient à saisir un des hommes et à l'occire pendant que les autres réussissent à s'enfuir et rejoignent le bateau. Seulement, même là, ils ne sont pas saufs pour autant. Car dans la ville on sonne le rappel et, par milliers, les Lestrygons courent au rivage.

Du haut des falaises, ces géants à la force terrible lancent sur la flotte des rochers gros comme des maisons. Sous ces coups répétés les navires se brisent et les matelots tombent à l'eau en poussant des cris affreux. Alors, les Lestrygons les harponnent comme des thons puis les emportent pour leur horrible repas.

Ulysse, sitôt qu'a commencé ce terrifiant massacre, a coupé le cordage qui retenait son navire à la rive. Il exhorte ses matelots à pousser très fort sur les rames s'ils veulent échapper à la noire mort. Eux comprennent très bien quel péril les menace ; ils redoublent d'effort et font tant et si bien que le navire arrive hors de portée des projectiles.

Pour l'équipage, quel soulagement de se retrouver au large ! Mais là-bas, dans le port, le reste de l'escadre a péri. Pas un homme n'en a réchappé. Jusque tard dans la nuit, sous le ciel parsemé d'étoiles, les rescapés pleurent la mort de leurs amis.

Toutefois, il n'est pas question pour eux de rester dans des parages aussi inhospitaliers. Aussi ne lâchent-ils pas les rames. Et enfin, à l'horizon, se profile une nouvelle terre.

Un moment, le navire longe le rivage. L'île semble inhabitée. Bientôt un mouillage se présente. Ulysse y conduit le navire. On descend à terre et là, chacun reste allongé deux jours et deux nuits tant la fatigue, l'horreur et le chagrin ont brisé les corps et les esprits.

Au matin du troisième jour, les matelots commencent à se plaindre de la faim. Alors Ulysse, à qui l'inaction pèse, prend son arc et ses flèches et s'enfonce dans les bois. Bientôt la chance le favorise : il tire un énorme cerf. C'est assez de gibier pour nourrir tout l'équipage.

Dès que les hommes sont rassasiés, Ulysse s'adresse à eux :

— Mes amis, leur dit-il, j'ai remarqué une fumée qui s'élève au milieu de la forêt. C'est la preuve que quelqu'un habite là. Nous allons voir qui c'est.

Aussitôt, ses compagnons se mettent à se plaindre : le souvenir des Lestrygons et du Cyclope est encore trop vif. Mais lui sait trouver les mots pour les convaincre. Il partage ensuite la troupe en deux groupes égaux et nomme à la tête de l'autre le fidèle Euryloque.

Ce sont lui et ses hommes que le sort désigne pour partir en exploration.

Dans le fond d'une verte vallée, ils trouvent une maison aux pierres bien ajustées. Tout autour courent des loups et des lions des montagnes. Mais ces bêtes féroces, au lieu de les attaquer, viennent les fêter et leur manifester de l'amitié. Ce qu'ils ne savent pas, les compagnons d'Ulysse, c'est qu'ils ont affaire à des hommes que les drogues puissantes d'une perfide magicienne ont changés en animaux.

Voici Euryloque et les autres debout devant le porche. Dans la maison, soudain, s'élève une voix enchanteresse en même temps que commence à retentir le bruit régulier d'un métier à tisser.

— Femme ou déesse, qui chante aussi parfaitement ? s'étonne un des marins. Pour le savoir, je propose que nous appelions.

Et tous, d'un même souffle, se mettent à crier.

La maîtresse des lieux entend ; elle vient sur le seuil, ouvre sa porte. Elle les invite à entrer avec des mots accueillants. Seul, Euryloque, qui se méfie, reste dehors.

Une fois qu'ils sont dans la maison, elle les fait asseoir, leur sert du vin doux dans lequel elle fait battre du fromage, de la farine et du miel. Sans se douter qu'elle y a mêlé aussi une drogue, ils vident leur coupe d'un trait. Et alors, à peine les touche-t-elle de sa baguette, qu'ils se transforment en porcs que des servantes enferment bien vite dans la soue.

Tous ont l'aspect, les soies et la voix de gorets ; ils en ont la tête et l'allure. Leur cœur, toutefois, reste humain. Ce qui fait qu'ils pleurent et se désolent sur leur sort tandis qu'on leur jette à manger des glands et des faines, l'aliment ordinaire des cochons malodorants.

Cependant Euryloque a tout vu. À toute hâte il revient au vaisseau. Mais il est tellement choqué que, d'abord, il ne parvient pas à parler. À l'approche du soir, enfin, il finit par reprendre ses esprits et explique comment ses compagnons ont disparu.

Aussitôt, Ulysse saisit sa grande épée de bronze, prend son arc et son carquois et demande à Euryloque de le conduire chez la magicienne.

— Je ne veux pas y retourner ! répond-il. Et toi, n'y va pas non plus. Tu n'en reviendras pas et tu ne ramèneras aucun des autres. Remontons vite dans les vaisseaux et fuyons au plus vite !

— Reste ici si tu préfères ! réplique Ulysse. Mais j'y vais, car mon devoir est là.

Et sans plus attendre, il quitte seul le vaisseau et la mer.

Comme il arrive dans le riant vallon où s'égaillent les loups et les lions dont Euryloque a parlé, Hermès lui apparaît sous les traits d'un adolescent gracieux.

— Où vas-tu, malheureux ? lui demande le dieu. Ignores-tu que tes pas te mènent chez Circé, la magicienne ?

— Qu'importe son nom ! Elle a changé mes compagnons en porcs et les garde enfermés. Je veux les délivrer.

Pensif, le dieu incline un peu la tête. Comment n'approuverait-il pas le courage et la loyauté d'Ulysse ?

— Ce que tu entreprends est dangereux mais je vais t'aider. Pour commencer, prends cette herbe de vie, elle te protégera de ses maléfices.

Tout en parlant, il arrache du sol une racine noire dont la fleur est blanche comme lait et la donne à Ulysse. Puis il poursuit :

— Écoute bien ce que tu vas faire. Aussitôt que Circé te croira à sa merci, elle te touchera de sa baguette. Dégaine alors ton épée et fais mine de la tuer. Toute tremblante, elle voudra te mener dans sa couche. Accepte, car elle est une déesse et on ne refuse pas de telles propositions. Mais avant de céder, exige d'elle qu'elle prête le grand serment des dieux en jurant qu'elle ne forme aucun projet maléfique contre toi.

Puis Hermès disparaît pour monter dans l'Olympe pendant qu'Ulysse approche de la demeure de Circé.

Arrivé sous le porche, il appelle. Elle vient, l'invite à s'asseoir dans la salle et lui verse du vin, comme elle l'a fait pour les autres. Puis, lorsqu'il a tout bu, elle se lève et le touche de sa baguette en disant :

—Maintenant, viens à la porcherie rejoindre tes amis.

Mais le sortilège reste sans effet.

Aussitôt, Ulysse tire son épée et la menace. Elle crie, se jette à ses pieds, lui embrasse les genoux.

— Jamais je n'ai vu un humain résister au pouvoir ensorcelant de cette drogue ! s'écrie-t-elle. C'est donc toi cet Ulysse aux milles ruses dont on m'a prédit la visite à son retour de Troie ?… Dans ce cas, nous pouvons nous fier l'un à l'autre. Remets ton épée au fourreau et viens avec moi dans mon lit.

— Comment peux-tu me parler ainsi alors que tu as changé mes amis en pourceaux ? Tu veux m'attirer dans ton lit pour m'ôter la vie. Jamais je ne partagerai ta couche sauf si tu jures de ne me faire aucun mal ni, non plus, à mes compagnons.

Alors, Circé jure le grand serment des dieux et Ulysse, qui se souvient des conseils du dieu, la rejoint sur la couche tendue de draps de lin et de pourpre.

Après quoi, les servantes chauffent l'eau pour le bain. Quand elles l'ont baigné et bien frotté d'huile, Ulysse va s'asseoir dans un fauteuil. On dresse devant lui une table qu'on charge des mets les plus fins. Mais lui refuse de manger.

— Tu redoutes encore un piège ? lui demande Circé. J'ai pourtant juré de ne te faire aucun mal.

— C'ést pour mes compagnons que je suis triste ! Comment pourrais-je manger avant qu'ils soient délivrés ?

En l'entendant, elle court tout droit à la porcherie, en fait sortir les matelots qui ont tous l'aspect de porcs de neuf ans. L'un après l'autre, elle les frotte avec une nouvelle potion. Aussitôt, ils se dressent sur leurs pattes arrière tandis que les soies qui couvrent leurs membres disparaissent. Bientôt ils redeviennent les hommes jeunes et vaillants qu'ils étaient auparavant.

Quand ils pénètrent dans la salle et reconnaissent Ulysse, ils se jettent tous à ses pieds. Que de sanglots ils versent ! Que de larmes de joie !

Circé elle-même s'en trouve un peu émue. Elle envoie chercher le reste de l'équipage. Dès qu'ils sont arrivés, elle les installe auprès des autres, fait servir à tous le vin doux.

— Je sais, dit-elle, les maux que vous avez endurés sur la mer. Allons, restaurez-vous ! Et comme la mauvaise saison approche, il serait déraisonnable de reprendre la mer maintenant. Il y a dans ma maison du bon vin et de la viande en abondance. Demeurez-y jusqu'au printemps !

Aux Enfers

Résumé des épisodes précédents.

Après la chute de Troie, Ulysse et ses compagnons avaient mis le cap sur Ithaque quand une violente tempête les a fait dériver jusqu'au pays des Cyclopes. Là, Ulysse est parvenu à blesser Polyphème qui voulait le dévorer et, grâce à une ruse, à lui échapper.

L'ennui c'est que Poséidon, le père du Cyclope, en a beaucoup voulu à Ulysse. Et comme les marins ont ouvert le sac dans lequel Éole avait enfermé les vents contraires, le navire a été emporté jusqu'au pays des Lestrygons. Ces derniers ont détruit les navires et tué les hommes; seul le bateau d'Ulysse en a réchappé. Le vent l'a alors poussé chez Circé qui a transformé les hommes d'équipage en pourceaux.

Heureusement pour eux, Ulysse est parvenu à leur faire retrouver forme humaine. Après quoi, il est resté avec eux chez Circé pendant tout l'hiver.

Mais avec le retour du printemps, ses compagnons sont venus dire à Ulysse :

— Il est temps de songer au retour!

Aussi a-t-il supplié Circé de les aider à regagner Ithaque.

— Puisque tu veux partir, va! a-t-elle répondu. Mais le premier voyage à faire, c'est chez Hadès, pour consulter le devin Tirésias. Lui te dira comment regagner ta patrie.

Aussi, le lendemain, dès qu'a paru l'Aurore, Ulysse et son équipage se sont embarqués pour le pays des morts…

Tout le jour, le vaisseau fend la mer écumante. Le vent du Nord gonfle la voile et pousse le navire vers le bout de l'Océan. À bord, Ulysse et ses compagnons n'ont rien d'autre à faire qu'à rester assis en se laissant emmener.

Alors que vient le soir, ils atteignent le promontoire de Perséphone. Le temps de débarquer, de tirer le bateau au sec, de décharger les bêtes et Ulysse, suivi par ses hommes, dirige ses pas vers la maison d'Hadès. Sans bruit, ils traversent cette contrée funèbre où, à cause des nuages qui la voilent en permanence, on n'aperçoit jamais le soleil.

Les voici enfin à l'endroit que leur a décrit Circé, près de la pierre où confluent en hurlant le Styx et l'Achéron. Ulysse se remémore les conseils de la magicienne afin de les suivre point par point. Pour commencer, il creuse avec son épée une fosse carrée profonde d'une coudée. Il fait ensuite les trois libations à l'intention de tous les défunts : d'abord le lait mêlé de miel, puis le vin, enfin l'eau pure. Après quoi, il saupoudre la terre de farine en promettant aux morts qu'il leur sacrifiera la plus grasse de ses génisses une fois qu'il sera revenu en Ithaque. À Tirésias, qu'il est venu consulter, il promet un bélier noir sans aucune tache.

Puis, en invoquant Perséphone et Hadès, Ulysse fait l'offrande d'un agneau et d'une brebis noirs. Il prend soin de tourner la tête des victimes vers les portes des Enfers et, surtout, de ne pas regarder vers là, comme Circé le lui a bien recommandé.

Lentement, le sang imbibe la terre. Et à mesure, les ombres de défunts qui dorment dans la mort s'assemblent aux abords de la fosse, de plus en plus nombreuses. Bientôt, Ulysse est contraint de tirer son épée pour interdire aux morts de venir trop près car la magicienne lui a dit aussi :

— Ne laisse approcher personne avant que Tirésias n'ait parlé. S'il le faut, emploie la force. Et n'aie aucune crainte : tu tiendras sans mal à distance ces faibles créatures privées de vie.

C'est alors qu'Ulysse reconnaît parmi les ombres qui l'entourent celle de sa mère, Anticlée, qu'il avait laissée vivante à son départ. À sa vue, son cœur s'emplit de pitié et les larmes coulent de ses yeux. Mais, malgré son chagrin, il doit l'empêcher d'avancer, au même titre que les autres.

Tirésias arrive enfin, s'appuyant sur son bâton d'or.

— Pourquoi donc, malheureux, s'exclame-t-il, délaisses-tu la clarté du soleil en venant voir les morts ! Écarte-toi, que je boive le sang ! Je te dirai ensuite ce que tu veux savoir.

Il boit puis il parle en ces termes :

— Tu souhaites retourner dans ta patrie, Ulysse ! Mais le très puissant Poséidon te hait pour avoir aveuglé son enfant, le Cyclope... Il se peut que tes compagnons et toi arriviez quand même à bon port mais à cette condition : quand vous trouverez les vaches du Soleil, gardez-vous d'y toucher. Si vous les respectez, vous reverrez peut-être Ithaque. Mais si vous les maltraitez, c'en sera fini de ton vaisseau et de vos vies !...

Autre chose, si un jour tu rentres chez toi, il te faudra repartir encore une fois. Sur le continent, tu devras marcher et marcher jusqu'à ce que tu rencontres des hommes qui ignorent tout de la mer et ne mangent jamais de sel. Là, fais le sacrifice d'un taureau, d'un bélier et d'un verrat à Poséidon. Après cela, il s'apaisera et te permettra de vivre en paix le reste de ton âge avant de mourir de la plus douce des morts, chez toi, au milieu des tiens.

— Ainsi, répond Ulysse, voilà ce que la volonté des dieux a tissé pour moi. Mais dis-moi, je vois ma mère parmi les ombres qui nous entourent et je voudrais lui parler. Comment dois-je m'y prendre ?

— C'est facile : laisse approcher du sang seulement les défunts à qui tu désires parler. Les autres retourneront dans les Enfers sans rien dire.

Cela dit, il fait demi-tour et rentre dans le domaine d'Hadès. Ulysse permet alors à l'ombre de sa mère de s'approcher de la fosse. À peine a-t-elle bu qu'elle dit :

— Mon fils, tu es encore vivant ! Après tant de temps, tu n'as pas encore revu Ithaque et ta femme, la sage Pénélope ?

— Non, ma mère, je n'ai pas encore remis le pied sur notre île. Je continue d'errer de misère en misère. Mais toi, dis-moi plutôt quelle Parque t'a prise et couchée dans la mort ? Et parle-moi de mon père, Laërte, et du fils que j'ai laissés là-bas. Que deviennent-ils ? Dis-moi ce que fait mon épouse. A-t-elle gardé notre enfant auprès d'elle ? Ou a-t-elle déjà choisi un autre époux ?

— Elle te reste fidèle de toute son âme. Télémaque, ton fils, vit de tes biens : il en use avec une sagesse comparable à la tienne. Ton père vit retiré aux champs et ne veut plus se rendre en ville. Son chagrin est immense en voyant que, pour lui, la vieillesse est venue avant que tu ne sois rentré. Quant à moi, si je suis morte, ce n'est rien d'autre que le chagrin et l'inquiétude qui m'ont tuée. C'est ma tendresse pour toi, mon Ulysse, qui m'a arraché la vie, parce que des bords de la lointaine Troie tu ne revenais pas.

En l'entendant, Ulysse ne songe plus qu'à serrer dans ses bras l'ombre de sa chère mère. Trois fois, il s'élance pour l'étreindre, trois fois, il ne saisit que le vide car elle n'est plus qu'une ombre, un songe vaporeux. L'angoisse et la tristesse lui tordent le cœur tandis qu'il lui demande :

— Mère, pourquoi me fuis-tu alors que je veux t'embrasser ? Qu'au moins, en nous tenant dans les bras l'un de l'autre, nous goûtions la consolation amère des larmes qu'on verse ensemble !

— Hélas, mon fils, quand la mort nous a pris, voici la règle : les nerfs ne tiennent plus les os ni la chair, nous n'avons plus de consistance ; dès que l'âme s'est arrachée des os blanchis, l'ombre flotte comme un rêve furtif.

Là-dessus, la mère d'Ulysse s'en retourne, elle aussi, dans les demeures d'Hadès. Resté seul, il pleure encore un moment, tête basse. Quand il regarde à nouveau devant lui, parmi les ombres, il voit venir celle d'Agamemnon.

Dès qu'il a bu le sang noir, l'Atride reconnaît Ulysse et, en gémissant, tend les mains vers lui pour le prendre dans ses bras. Mais ses membres sont sans consistance et il ne peut rien saisir. Tout ému, Ulysse lui demande :

— Agamemnon, prince des guerriers, comment la mort cruelle a-t-elle eu raison de toi ? Est-ce Poséidon qui a brisé ton vaisseau ? Ou bien es-tu tombé au combat, sur le chemin du retour ?

— Hélas, Ulysse, ni l'un ni l'autre ! Égisthe, qui avait prémédité mon meurtre, m'a tué, avec l'aide de mon épouse, la maudite Clytemnestre. Il m'a invité chez lui pour festoyer et m'a abattu par traîtrise. Je suis mort avec mes compagnons qui ont été tués jusqu'au dernier. Ton cœur se serait soulevé si tu nous avais vus couchés dans la grand-salle autour des tables chargées de nourriture tandis que notre sang rougissait le sol.

J'ai encore dans l'oreille les cris de Cassandre, la fille de Priam, que j'avais ramenée captive de Troie. On l'a tuée en même temps que moi. Et je vois toujours Clytemnestre, cette chienne, s'éloigner sans m'avoir fermé les yeux et les lèvres de ses mains. Je croyais pourtant être bien accueilli à mon retour... Songe qu'elle ne m'a même pas laissé revoir mon fils : elle m'a tué avant. Toi, tu es heureux ! Tu reverras Télémaque, et lui embrassera son père !

Sur ces tristes paroles, il se tait car les larmes qu'il verse en abondance l'empêchent de parler. Alors surviennent les âmes d'Achille, de Patrocle et du grand Ajax. Et toutes les trois, comme celles qui les entourent, gémissent et se lamentent.

Reconnaissant Ulysse, Achille lui demande avec un soupir :

— Ulysse, c'est bien toi ? Comment as-tu osé venir chez Hadès où habitent les morts insensibles ?

— Je suis venu demander conseil à Tirésias car je n'ai pas encore pu prendre pied sur ma terre. Toujours je suis en butte à des épreuves. Mais, Achille, pourquoi gémis-tu ? Nul homme n'a été ni ne sera plus heureux que toi. Quand tu vivais, tu étais honoré comme un dieu et maintenant que tu es ici, tu règnes chez les morts !

— N'essaie pas de me consoler d'être mort, Ulysse ! C'est impossible. Je préférerais être un serf attaché à la terre ou le serviteur d'un homme pauvre plutôt que de régner sur des défunts qui ne sont plus rien ! Mais parle-moi plutôt de mon fils. Est-il venu à la guerre ou non ?

— Ton cher Néoptolème est venu nous rejoindre. Après quoi, lors des combats, il a toujours couru au premier rang et je ne sais pas le nombre de ceux qu'il a tués. Sache aussi que lorsque nous nous sommes introduits dans Troie cachés dans le cheval dont j'avais eu l'idée, jamais il n'a pâli ni tremblé. Au contraire, il était impatient de sortir du cheval.

Aussitôt, tout joyeux de savoir que son fils est digne de lui, Achille s'en repart à travers la prairie d'asphodèles, tandis que les âmes des autres défunts entourent Ulysse pour lui poser mille questions.

Seule l'âme d'Ajax, reste à l'écart. Depuis ce jour où Ulysse a obtenu les armes d'Achille que lui-même convoitait, il lui voue une rancune tenace. Il n'a rien pardonné et quand Ulysse lui adresse ces paroles conciliantes :

— Ajax, tu devrais oublier ton ressentiment contre moi à cause de ces maudites armes ! Allons ! Viens ici et faisons la paix !

Il ne répond rien et s'en va dans l'Érèbe rejoindre les autres âmes des défunts.

Après lui, d'autres morts fameux se présentent au regard d'Ulysse. Parmi eux, assis sur un trône, figure l'illustre Minos, qui rend la justice aux morts, un sceptre d'or à la main. Ulysse voit aussi le géant Orion qui pourchasse dans la prairie les fauves qu'il a tués autrefois dans les monts solitaires.

Ulysse aperçoit encore Tantale qui, debout dans un lac avec de l'eau jusqu'au menton, ne peut pas boire alors que la soif le fait si cruellement souffrir. Au-dessus de sa tête, des poiriers, des grenadiers, des pommiers et des figuiers laissent pendre leurs fruits gorgés de jus savoureux mais dès que le malheureux tend les bras pour les saisir, le vent les met hors de portée.

Puis c'est Sisyphe qui s'offre à la vue d'Ulysse. À grand-peine, il pousse de ses deux bras un énorme rocher vers le sommet d'une colline. Mais quand il arrive presque au sommet, la masse de la pierre l'entraîne en arrière. Et de nouveau, tout ruisselant de sueur, il recommence à pousser son rocher.

À part eux, combien y en a-t-il d'autres qu'Ulysse aimerait voir, avec qui il aimerait parler ? Il songe aux héros des temps anciens, les Héraclès, les Thésée, les Pirithoos…

Seulement, autour de lui, les morts se pressent, de plus en plus nombreux, en poussant des cris épouvantables. Alors, au milieu de ce grouillement d'ombres, Ulysse se sent verdir de peur en songeant que Perséphone pourrait envoyer la tête de la Gorgone pour rétablir l'ordre.

Aussi s'empresse-t-il de faire signe à ses compagnons et, avec eux, quitte au plus vite ces parages inhospitaliers.

Les Sirènes, Charybde et Scylla

Résumé des épisodes précédents.

Le siège devant Troie a duré dix ans puis la ville est tombée aux mains des Grecs. Alors, les différents rois sont repartis pour leur pays.

Ulysse et ses hommes espéraient une traversée tranquille. Ils se sont bien trompés. D'abord, les marins ont bêtement libéré les vents défavorables qu'Éole avait enfermés dans une outre. La tempête les a alors menés chez Polyphème, le Cyclope. Puis ils sont tombés aux mains des Lestrygons à qui le seul bateau d'Ulysse, avec son équipage, a pu échapper.

Parvenus chez Circé, ils ont manqué finir victimes de sa magie avant de parvenir à s'en faire une alliée. Elle leur a même offert l'hospitalité avant de leur conseiller un périlleux voyage jusqu'au pays des morts.

Après avoir reçu les conseils du devin Tirésias, Ulysse et ses hommes ont à nouveau fait escale chez Circé. Puis ils ont repris le large…

Quand la brise, en soufflant, fait seule avancer le navire, les marins abandonnent les rames et n'ont rien d'autre à faire qu'à s'asseoir. C'est le moment dont ils profitent pour songer aux épreuves passées et se préparer à celles qui peuvent venir.

Debout à l'avant du navire, les yeux fixés sur l'horizon qui toujours se dérobe, Ulysse repense aux conseils que lui a donnés Circé juste avant qu'il ne la quitte.

« Il te faudra passer près des Sirènes, l'a-t-elle prévenu. Pour séduire les mortels, elles chantent de la voix la plus belle qu'on puisse entendre. Mais celui qui écoute leurs appels ensorcelants ne revoit jamais sa famille. La prairie marine qu'elles habitent est bordée d'un rivage où blanchissent les os de ceux qui ont succombé au charme de leurs voix... Aussi, passe sans t'arrêter ! Avec de la cire souple, bouche soigneusement les deux oreilles de tes compagnons. Toi, écoute le chant si tu veux. Mais prends soin, auparavant, de te faire attacher au mât avec un solide filin...

Bientôt le vent se pose. Le pays des Sirènes ne doit plus être loin. Pendant que les hommes vont s'asseoir aux rames. Ulysse, avec son couteau, partage un grand pain de cire et le pétrit pour l'amollir. Il bouche les oreilles du pilote puis, passant de banc en banc, celles des hommes d'équipage. Deux d'entre eux, ensuite, le ficellent solidement au mât par les mains et les pieds.

Peu après, les Sirènes aperçoivent le navire et, de leurs fraîches voix, entonnent une mélodie :

— Ulysse, viens à nous ! Arrête ton noir vaisseau ! Avec ton équipage, viens écouter notre chant. Nous savons les maux qui affligent la terre et nous connaissons leurs remèdes aussi. Ulysse, viens à nous ! Nous te dirons ce que trament tes ennemis car tu brûles de savoir ce qu'il se passe dans la verte Ithaque !

Elles chantent ainsi. Leurs voix incomparables donnent à Ulysse un violent désir d'approcher, d'écouter. Il tente d'ordonner par signe à ses hommes de le détacher. Mais eux sont prévenus. Deux d'entre eux, les plus forts, se lèvent et ajoutent une corde solide à celle qui le retient.

Déjà, le vaisseau s'éloigne de ces contrées périlleuses. Les braves matelots s'empressent d'ôter la cire qui leur bouche les oreilles et viennent ensuite libérer leur capitaine.

Ainsi ont-ils passé sans encombre le piège des Sirènes, mais un double péril encore plus terrible reste à affronter.

Ulysse se remémore la façon dont Circé l'a décrit afin de le mettre en garde :

« Ta route passera ensuite entre deux écueils. L'un dresse vers le ciel une cime pointue couronnée de nuages éternels. À mi-hauteur de la paroi, au nord, s'ouvre une caverne. C'est vers cette falaise qu'il te faudra naviguer, cher Ulysse, même si cette grotte est l'antre de la nuisible Scylla…

Elle, comment te la décrire ? Sa voix est celle d'une petite chienne qui aboie mais sa vue est déplaisante et sa rencontre redoutable. Ses douze pieds sont des moignons mais sur ses six cous se dressent six têtes dont chacune est dotée d'une gueule effroyable avec trois rangées de dents acérées. Tapie dans son creux de rocher, elle lance ses têtes et pêche de là-haut tout ce qu'elle voit : dauphins, poissons et phoques sont sa pâture. Nul capitaine ne peut se vanter d'être passé là sans dommages car ses têtes cruelles vont jusqu'au fond des bateaux enlever les hommes d'équipage.

L'autre écueil est plus bas, a continué Circé. Il porte un grand figuier couvert de feuilles. C'est à son ombre qu'on voit la divine Charybde avaler l'eau dans sa noire gueule. Trois fois par jour, elle vomit ce que, trois fois par jour, elle engloutit. Malheur à qui se trouve là pendant qu'elle ingurgite l'onde amère : Poséidon lui-même ne pourrait pas le sauver.

Aussi, va plutôt vers Scylla, frôle son écueil au plus près et fuis, car il vaut mieux pleurer six compagnons que de perdre un vaisseau tout entier.

Ulysse se rappelle qu'il a aussitôt répondu :

«— Je vais m'armer plutôt et quand je la verrai fondre sur mes hommes, elle trouvera à qui parler.

— Malheureux, a répliqué Circé, tu ne rêves donc que de combat ! Scylla ne peut pas mourir ! À quoi te servirait ta force ? Le seul moyen certain, c'est de fuir au plus vite !...

Ulysse se souvient alors que déjà on aperçoit les embruns d'un écueil dont on entend les coups sourds. Les matelots s'effraient, lâchent les rames, et le navire s'immobilise.

Pour leur redonner du courage, Ulysse leur dit :

— Mes amis, nous avons vaincu bien d'autres dangers ! Un jour, celui-ci sera un bon souvenir, comme les autres. Gardez courage et à vos rames.

Puis, s'adressant au pilote :

— Tu vois cet écueil ? dit-il en montrant Charybde. Passe bien au large, car si tu nous y menais, la mort nous prendrait tous.

Il ne dit rien toutefois de Scylla, car il sait qu'autrement ils iraient tous se tapir à fond de cale pour la fuir, laissant le navire dériver vers Charybde et la mort certaine de tous.

Un peu rasséréné par le discours d'Ulysse, les hommes frappent l'eau de leurs rames en cadence et le navire entre dans la passe.

Là, l'angoisse serre toutes les gorges. D'un côté, ils ont la terrible Charybde : elle avale, et on voit l'eau s'engouffrer en mugissant dans sa gueule béante et noire. Puis cette eau elle la vomit et la précipite en tourbillons meurtriers sur les rochers environnants.

Et tandis qu'ils regardent la redoutable Charybde, Scylla prend six hommes dans le vaisseau. Leurs compagnons horrifiés n'ont que le temps de les voir, suspendus dans les airs, criant et appelant à l'aide. Puis Scylla les dévore vivants sur le seuil de sa grotte.

Le navire pourtant a doublé les écueils sans subir d'autre dommage. Le voici bientôt chez Hélios, sur l'île du Trident. Dans les grasses prairies, paît en foule son bétail admirable. Sitôt débarqué, Ulysse prévient ses hommes :

— À aucun prix, dit-il, il ne faut toucher aux vaches du Soleil. Il ne le pardonnerait pas. Promettez-moi de vous contenter des vivres dont nous a pourvu Circé.

Tous promettent. Et après avoir bien pleuré les amis que Scylla leur a pris, ils confient au sommeil le soin de restaurer leurs forces. Mais au matin, quand vient l'Aurore aux doigts de rose, se lève le vent du Sud, aux hurlements terribles. Impossible de reprendre la mer.

Tout un mois, ce vent souffle. Tant qu'ils ont du vin et du pain, les compagnons d'Ulysse ne songent pas à manger du bétail. Mais à la fin, les vivres s'épuisent. Et, un matin qu'Ulysse a laissé ses hommes seuls pour aller prier les dieux de les laisser partir, Euryloque suggère à ses compagnons :

— Mes amis, mourir de faim est la pire de toutes les morts. Or nous avons là les vaches du Soleil. Jurons que si nous rentrons en Ithaque, nous lui bâtirons un temple pour le dédommager. Et s'il veut venger ses bêtes en nous faisant périr, j'aime mieux mourir d'un coup en ouvrant la bouche dans les flots que lentement de faim sur cette île.

Il dit, l'insensé, et tous l'approuvent. Ils courent au troupeau, choisissent les plus grasses génisses, si belles sous leurs cornes, les immolent en invoquant les dieux.

Quand Ulysse revient au rivage, qu'il les voit occupés à griller sur le feu les viscères saignants, il fond en larmes et s'adresse ainsi à Zeus :

— Père tout-puissant, tu m'as donc maudit ? Pourquoi as-tu permis que je les laisse sans surveillance ! De quel forfait se sont-ils rendus coupables en mon absence !

Quand il rejoint ses hommes, il les réprimande. Mais trop tard ! Que faire ? Les vaches ne sont plus.

Pendant six jours encore le vent souffle avec force. Les matelots, ne se plaignent plus. Ils ont pris au Soleil ses vaches les plus grosses et ont largement de quoi festoyer.

Vient le matin du septième jour. Zeus apaise la tempête. Tout joyeux les hommes s'embarquent. Ils plantent le mât, tendent la voile blanche. Ils ne se doutent pas, les malheureux, de ce que les dieux ont décidé pour eux !

Car dès qu'il a vu le forfait de ces hommes, le Soleil s'est plaint aux autres Immortels. Il se sont assemblés et tous ont trouvé juste la vengeance que Zeus a promis d'exercer aux dépens des humains.

Si bien que la course en mer du vaisseau est brève : à peine est-il au large que Zeus envoie sur lui sa foudre. Les matelots sont emportés par les vagues, ils nagent autour des débris du bateau comme un vol de corbeaux par un matin d'hiver. Mais les dieux leur ont refusé de retourner un jour chez eux : dans l'onde profonde ils sombrent l'un après l'autre.

Ulysse, lui, est parvenu à se cramponner au mât. Avec une lanière en cuir de bœuf, il attache ce dernier à la quille qu'il parvient à attraper. Ainsi forme-t-il un petit radeau qui flotte sur la vague. Puis, tout le reste du jour et toute la nuit suivante, il dérive au gré du vent du Sud qui souffle de nouveau.

Le lendemain matin, lorsque paraît l'Aurore au sourire éclatant, Ulysse pénètre dans la passe entre Charybde et Scylla. Charybde, justement, est en train d'avaler l'onde saumâtre.

Irrésistiblement, elle attire le frêle esquif qui court de plus en plus vite vers l'insondable abîme. Mais au dernier moment, alors qu'il va être englouti, Ulysse fait un bond prodigieux pour s'accrocher aux branches du figuier. Puis, sans faiblir, il reste ainsi suspendu jusqu'au moment où, en recrachant l'eau, le monstre rend enfin son embarcation.

Alors, en calculant soigneusement la distance, il lâche sa prise pour retomber juste dessus. Sur quoi, ramant avec les mains aussi vite qu'il le peut, il s'éloigne sans que, par chance, l'abominable Scylla l'aperçoive...

En radeau loin de Calypso

Résumé des épisodes précédents.

Depuis dix ans, Troie est tombée. Tous les Grecs que la mer n'a pas engloutis sont rentrés dans leur patrie. Seul, celui qui a causé la perte de la ville, Ulysse, est encore loin de sa patrie.

C'est parce que Poséidon le poursuit de sa colère depuis qu'il a aveuglé Polyphème. Après cette malheureuse affaire, Ulysse est allé de malheur en malheur. D'abord les vents l'ont emmené à l'autre bout de la mer. Puis les Lestrygons ont détruit sa flotte et mangé ses hommes. En suivant les judicieux conseils de la magicienne Circé, il venait d'échapper au terrible danger que sont Charybde et Scylla, quand le seul vaisseau qui lui restait a été foudroyé par Zeus. Tout l'équipage a péri dans le naufrage.

Seul survivant, Ulysse a été recueilli par la nymphe Calypso. Bien vite, il est remis sur pied, prêt à reprendre son voyage. Mais Calypso, qui en est tombée amoureuse, est bien décidée à le garder avec elle…

Dans les grottes profondes où elle retient Ulysse prisonnier, la nymphe Calypso brûle du désir d'en faire son époux. Sept longues années ont passé depuis qu'il a échoué sur son île et, tous les jours, pour lui faire oublier Ithaque, elle le berce de paroles douces comme du miel, promet de faire de lui un Immortel. Mais Ulysse ne cède pas. Au contraire, il supplie sans trêve les Immortels de le laisser rentrer chez lui.

Dans l'Olympe où vivent les dieux, Athéna va trouver Zeus.

— Père, dit-elle, j'ai de la peine à voir Ulysse plongé dans le chagrin le plus noir. N'entends-tu pas les prières qu'il fait tous les jours en te suppliant de le laisser retrouver la verte Ithaque ?

— Ma fille, tu sais bien que Poséidon est fâché contre Ulysse et que c'est lui qui permet à Calypso de le retenir contre son gré ?

— Je le sais. Mais à présent, tous les autres Immortels se sont rangés à mon avis : la nymphe doit laisser partir son prisonnier. Poséidon n'osera pas s'opposer à tous les dieux ensemble et Calypso devra obéir.

— Tu as raison, ma fille. Je vais envoyer Hermès donner à Calypso l'ordre de libérer ton protégé. Et pour Poséidon, il faudra bien qu'il se soumette à la volonté unanime des autres Immortels !

Là-dessus, il fait venir Hermès et lui demande de transmettre à Calypso la décision des habitants de l'Olympe.

Hermès chausse aussitôt ses sandales divines qui lui permettent de marcher sur la terre et sur l'eau et se met en chemin. Il se laisse tomber du ciel pour s'élancer au-dessus des flots jusqu'à l'île qu'habite Calypso.

Il la trouve chez elle, dans la grand-salle, où elle chante en faisant courir sa navette agile sur le métier à tisser. Un grand feu brûle dans l'âtre, répandant un parfum suave de cèdre et de thuya.

— Qu'est-ce qui me vaut ta visite, Hermès ? demande-t-elle en le voyant. Dis-moi ce que tu veux, mais avant, laisse-moi te servir le nectar et l'ambroisie.

Hermès s'assoit et Calypso le sert. Elle place devant lui une table finement travaillée, pose dessus le nectar, qui est la boisson des dieux, et l'ambroisie qui est leur nourriture.

Hermès, tout en se restaurant, cherche Ulysse du regard. Mais il ne le voit nulle part dans la grotte. En fait, il est sur la grève où il fixe la mer violette et, une fois encore, supplie les dieux de l'autoriser à partir.

— D'après Zeus, commence Hermès, tu retiens un homme dont tu veux faire ton époux mais qui veut retourner chez lui. Les dieux ont eu pitié de lui : je dois te transmettre leur ordre de le laisser partir au plus vite. Son destin n'est pas de rester ici mais de revenir dans sa maison.

— Ah ! que les Immortels sont donc cruels, même avec leurs semblables ! Qu'une déesse veuille unir son destin à un mortel et aussitôt on l'en empêche ! Cela dit, si Zeus et les Olympiens veulent qu'il s'en aille, je n'irai pas contre leur volonté. Seulement, je ne peux pas le ramener chez lui, faute de vaisseaux. Tout ce qui est en mon pouvoir, c'est de le conseiller pour qu'il regagne sa patrie sain et sauf.

— Fais ce que tu dis, cela suffira. Et agis sans délai, pour ne pas éveiller la colère de Zeus.

Sur un mot d'adieu, Hermès se retire. Calypso descend alors à la mer retrouver Ulysse et lui dit :

— Cesse de pleurer, bel ami. Même si mon cœur brûle de te garder auprès de moi, j'ai décidé de te laisser partir. Avec la hache, tu vas couper de longues poutres et les attacher ensemble pour faire un radeau. Tu fixeras dessus des poutrelles en sorte de bâtir un pont. Après quoi, je te chargerai de pain, d'eau et de vin rouge, afin que ni la faim ni la soif ne te tourmentent durant ton voyage. Je te donnerai aussi des vêtements pour te protéger du froid. Pour finir, je t'enverrai un petit vent arrière qui te fera revenir indemne dans ta patrie, du moins si les dieux plus puissants que moi sont tous d'accord.

En l'entendant, Ulysse frémit d'inquiétude. Il a déjà subi tant d'épreuves.

— C'est autre chose que mon retour que tu trames, lui répond-il. Tu m'invites à affronter la mer sur un fragile radeau alors que les navires les plus solides sont victimes des tempêtes. Je ne partirai pas sur un radeau, sauf si tu jures solennellement que tu ne projettes pas de me perdre.

Ces paroles prudentes font sourire la belle Calypso.

— En fait, tu n'es qu'un pirate même si ta demande prouve que tu ne manques pas de bon sens. Mais, tu le sais, mon esprit n'est pas perfide et, dans ma poitrine, bat un cœur plein de tendresse.

Là-dessus, elle le ramène dans la grotte et appelle ses servantes pour qu'elles servent à manger. Alors elles apportent à Ulysse la pitance des hommes promis à la mort tandis qu'elles posent devant leur maîtresse le nectar et l'ambroisie des dieux.

— Cher Ulysse, demande encore Calypso, es-tu bien sûr de vouloir t'en aller ? Je me flatte pourtant d'être élancée, d'avoir la taille fine, et, question charme, je ne crois pas qu'aucune femme puisse se comparer à une déesse.

— Chère Calypso, pardonne-moi. Bien sûr, à côté de toi, ma chère Pénélope serait sans beauté : c'est seulement une mortelle ! Pourtant, mon seul souhait est de revoir mon logis.

Alors qu'ils parlent, le soleil se couche. Le crépuscule envahit la grotte et chacun va se coucher pour trouver un juste repos.

Mais l'Aurore est à peine née, le lendemain, que la nymphe se vêt d'un splendide voile retombant et qu'elle mène Ulysse à la pointe de l'île où ont poussé des aulnes, des sapins et des peupliers. Ils sont morts à présent et donc d'une extrême légèreté.

Ulysse manie avec vigueur la lourde hache de bronze que la nymphe lui a donnée. Il jette à bas plus de vingt arbres, les équarrit, les taille, les dresse au cordeau. Calypso lui a donné aussi des tarières. Il perce des trous dans les poutres, les assemble avec des goujons. Ainsi fait-il son radeau, de la longueur et de la largeur que les architectes compétents donnent aux vaisseaux plats. Taillant des planches, il fait un gaillard puis un bordage. Enfin, il plante un mât au milieu du radeau et, à la poupe, ajuste un gouvernail.

Au bout de quatre jours de ce travail intense, le radeau est terminé. Le cinquième jour, Calypso le renvoie de son île.

Elle l'a baigné, enduit d'huile aux douces senteurs, vêtu d'habits propres et bien tissés. Sur le radeau, elle a placé une outre de vin rouge, une, plus grosse, d'eau et, dans un sac de cuir épais, des vivres pour le voyage. Elle fait souffler la plus douce des brises, un vent de tout repos, et, tout heureux, Ulysse déploie la voile.

Le voici assis à la barre, sur son radeau. L'œil fixé sur les étoiles sans que le sommeil lui fasse baisser les paupières un instant, il suit la route que Calypso lui a conseillée :

— Navigue, a-t-elle dit, en gardant toujours la Grande Ourse à ta gauche.

Dix-sept jours durant il vogue sur la mer. Et le dix-huitième, il voit une terre toute proche.

Mais à ce moment-là, Poséidon promène son regard sur les flots. Jusqu'alors, il était en Afrique où il était parti assister à des fêtes données en son honneur. Et voilà qu'il découvre Ulysse sur son radeau. Sa colère se ranime immédiatement. Il prend son trident et, rassemblant les nuages, déchaîne tous les vents à la fois, noie la côte sous les embruns et fait déferler sur le radeau une houle terrible.

Ulysse sent ses genoux se dérober sous lui.

— Misère de moi ! gémit-il. Il aurait mieux valu que je meure au combat devant Troie ! J'aurais une tombe et toute la Grèce chanterait ma gloire ! Tandis que là une mort pitoyable m'attend car je serai mangé par les poissons !

Il se lamente de la sorte tandis que la tempête le repousse à toute allure vers la haute mer. Et soudain, une vague énorme frappe le radeau et réduit en miettes le mât et les vergues. La violence du coup jette Ulysse à l'eau. Il reste un moment la tête sous la surface, reparaît en suffoquant, se cramponne à un morceau de mât. Il parvient tant bien que mal à remonter sur ce qui reste du radeau que, désormais, les vents poussent où bon leur semble.

À ce moment-là, Ino, la déesse marine, prend pitié d'Ulysse. Prenant la forme d'une mouette, elle se pose sur le radeau et conseille :

— Ulysse, ôte tes vêtements et abandonne ce radeau qui te mène où tu ne veux pas. Tâche ensuite de gagner le rivage à la nage. Tiens ! Prends ce voile divin. Il te protégera des blessures et de la mort. Mais dès que tu seras sur la terre ferme, lance-le à l'eau.

Un moment Ulysse hésite. Il redoute toujours un piège tendu par un Immortel cruel. Mais Poséidon met brutalement fin à ces atermoiements : il envoie s'écraser sur le radeau une vague si monstrueuse qu'elle le brise en mille morceaux.

Ulysse, dès lors, n'a plus qu'à suivre les conseils de la déesse. Il se dépouille de ses habits et, protégé par le voile qu'il a disposé sur sa poitrine, fend la mer de ses bras en direction de la rive.

En le voyant faire, Poséidon se réjouit :

— Va ! Nage ! Mais compte sur moi pour te fournir ton content de malheurs avant que tu ne parviennes au rivage !

Sur quoi, il pique ses chevaux et se rend dans son temple fameux d'Egées.

Aussitôt, Athéna, qui a tout vu, vient au secours d'Ulysse. Elle barre la route aux vents, leur demande de s'apaiser. Puis, sur la mer calmée, elle fait souffler le seul Borée qui pousse Ulysse vers la rive où le salut l'attend.

Pendant deux jours, Ulysse dérive sur l'eau amère et, cent fois, il croit que la Parque a coupé le fil qui le maintient en vie. Mais enfin paraît la terre. Il reprend courage en même temps que ses membres retrouvent un peu de leur vigueur.

Il est tout près du bord, désormais, mais il n'y a pas de plage où il pourrait prendre pied facilement. Partout il ne voit que la roche abrupte autour de laquelle la mer écume. Athéna le conseille :

— Va plus loin ! dit-elle. Dépasse ces rochers acérés contre lesquels les lames se brisent en grondant.

Ulysse l'écoute et arrive en face de l'embouchure d'un fleuve aux belles eaux courantes. L'endroit est beaucoup plus sûr car il n'y a ni rocher ni brisants. Alors, s'adressant au fleuve, il le prie d'avoir pitié d'un naufragé. Le dieu du fleuve l'entend et l'exauce : il suspend son courant le temps qu'Ulysse arrive sur la plage.

Mais à peine est-il sur la rive que ses genoux refusent de le porter plus loin. Il tombe, défaillant de fatigue. Dans un sursaut, pourtant, il détache le voile et le lance dans l'eau. Aussitôt Ino le reçoit dans ses mains.

Puis, peu à peu, sous l'effet du soleil qui le sèche et le réchauffe, Ulysse reprend des forces. Couché dans les roseaux, il baise mille fois la terre nourricière. Mais son inquiétude n'est pas totalement apaisée.

« Si je reste au bord du fleuve, songe-t-il, les brumes et le vent froid du matin risquent de me tuer. Mais si je monte sur la colline m'abriter dans les taillis, je risque d'être la proie des bêtes fauves.

Tout compte fait, décide-t-il, mieux vaut l'abri des bois. Ulysse gagne le sommet de la crête qui domine le fleuve. Là, il trouve un olivier double dont les branches sont si serrées qu'elles ne laissent passer ni la pluie ni le soleil. Il se glisse dans l'abri que forme la ramure et, à sa grande joie, y trouve un épais tapis de feuilles sèches. Alors, il s'allonge, se couvre de feuilles comme on le fait avec la cendre pour la braise quand on veut conserver le feu, et ferme enfin les yeux.

Chez Nausicaa

Résumé des épisodes précédents.

Après la chute de Troie, les soldats et marins venus d'Ithaque sous les ordres d'Ulysse ont repris la mer pour revenir au pays. Sans doute espéraient-ils un voyage tranquille. Hélas pour eux, ils ont tous péri, victimes du Cyclope Polyphème, des Lestrygons, de Charybde et, pour ceux qui restaient, de la colère du Soleil et de Zeus qui a coulé le dernier vaisseau.

Demeuré seul, Ulysse a échappé de peu à la terrible Scylla avant d'arriver chez la nymphe Calypso. Cette dernière, qui s'est mis dans la tête d'épouser le vainqueur de Troie, l'a retenu sept longues années. Lui, pendant tout ce temps, n'a pas cessé de soupirer après sa patrie. Si bien que Calypso a dû le laisser repartir. Ulysse s'est bâti un radeau et a repris la mer vers l'est. Seulement Poséidon l'a vu faire et a déclenché une terrible tempête qui a détruit le radeau.

Ulysse ne s'est sauvé que de justesse. Après avoir longtemps nagé, il a pris pied sur un rivage inconnu et, rompu de fatigue, s'est endormi sous un olivier…

Dans le palais, ce matin-là, la fille du roi, la belle Nausicaa, dort encore. C'est dans sa chambre qu'entre Athéna, après avoir pris les traits d'une de ses amies. Elle se glisse jusqu'au pied du lit et souffle à la jeune fille :

— Tu dors, Nausicaa, et tu délaisses le soin du linge ! Pourtant tes noces sont proches ! Il faudra que tu sois belle, ce jour-là, et que les membres du cortège soit dignement habillés. Partons le laver dès que viendra l'aube ! Va demander à ton père de faire atteler les mules pour porter les voiles et les tuniques. Les lavoirs sont loin de la ville, il vaut mieux y aller en char.

L'Aurore aux doigts de rose monte à peine sur son trône que déjà, la jeune fille court par le château à la recherche de ses parents. Elle trouve sa mère assise avec ses suivantes, occupée à tourner la quenouille. Son père, de son côté, s'apprête à sortir pour aller au conseil.

— Mon cher papa, ma chère maman, dit-elle, voulez-vous bien faire atteler les mules ? Je voudrais emporter notre linge au fleuve pour le laver. Mes trois frères qui sont encore célibataires ont besoin de linge frais pour aller danser, et c'est moi qui dois en prendre soin.

Elle ne parle pas de ses noces car cela la ferait rougir devant ses parents. Mais eux ne sont pas dupes.

— Ce n'est pas moi qui te dirai non, ma fille, répond Alkinoos. Va ! et fais comme tu en as envie.

Aussitôt il donne des ordres. On sort la voiture légère de la remise, on y attache les mules tandis que les jeunes suivantes de Nausicaa apportent les paniers de linge sale. Elles ont prévu aussi un sac rempli de vivres et de douceurs ainsi qu'une outre de vin.

Au moment où la jeune fille monte sur la voiture, sa mère lui tend une fiole pleine d'huile pour se frotter après le bain, elle et ses suivantes. Les mules tirent de toute leur force, allongent le pas et entraînent le char.

On atteint le fleuve. Les trous sont pleins d'une eau limpide, capable de blanchir le linge le plus noir. Les mules, dételées, vont paître l'herbe douce tandis que les jeunes filles tirent le linge des paniers, le plongent dans l'eau, le foulent, le rincent jusqu'à ce qu'il ne subsiste plus une tache. Puis elles l'étendent en ligne sur le gravier de la plage, hors de portée des vagues. Alors elles se baignent, enduisent leur jeune corps d'huile et, assises à l'ombre, font honneur au repas. Puis, en attendant que tout soit sec, maîtresse et servantes dénouent leur voile et entament une partie de ballon.

Déjà le moment de plier le linge et de rentrer approche. Mais Athéna veut qu'Ulysse rencontre la jeune fille. Aussi la déesse pousse-t-elle la balle que lance Nausicaa et la fait rouler dans le trou d'une cascade.

Non loin de là, sous un vieil olivier, Ulysse dort toujours. Sa lutte contre la tempête et les heures passées à nager l'ont brisé. Depuis la veille au soir, malgré le va-et-vient et le babil des jeunes filles, il n'a pas ouvert l'œil. Mais cette fois, leurs cris l'éveillent.

Pour voir d'où viennent ces appels, il se redresse, casse un rameau d'olivier bien feuillu qu'il utilise pour voiler son sexe et sort de sa cachette. En le voyant, la troupe de jeunes filles s'enfuit comme de jeunes daims lorsque paraît le lion des montagnes. Ulysse, cependant, continue d'avancer, le corps souillé de sel et de sable. Seule Nausicaa ne fuit pas car Athéna l'emplit de courage.

Parvenu à quelques pas d'elle, Ulysse s'agenouille :

— Je suis à tes genoux, dit-il, que tu sois déesse ou humaine. Car pour l'allure et la beauté, tu ne le cèdes en rien à une Immortelle. Ton père et ta mère sont heureux d'avoir tous les jours sous les yeux une fille comme toi ! Mais prends pitié de moi ! Indique-moi le chemin de la ville et donne-moi un linge à me mettre sur le dos.

Nausicaa aux bras blancs le regarde et répond :

— Étranger, puisque te voici chez nous, ne crains plus de manquer d'habits ni de nourriture. Je vais te conduire en ville… En attendant, sache que c'est aux Phéaciens qu'appartient cette terre, et qu'Alkinoos, mon père, est leur roi vénéré.

Puis elle choisit pour lui une écharpe et une robe. Bien à l'abri car se montrer nu à ces jeunes filles lui ferait honte, Ulysse se baigne et se frotte d'huile, revêt les habits qu'on lui a donnés. Athéna le fait apparaître plus grand et plus fort, déroulant sur son front des boucles au reflet de hyacinthe.

Lorsqu'il revient sur la grève, il est rayonnant de force et de beauté. Les jeunes filles s'empressent autour de lui, lui offrant à manger et à boire du vin. Puis le linge est plié et chargé sur le chariot. Nausicaa dit alors à Ulysse :

— Il n'est pas bon qu'on te voie entrer en ville avec moi : les gens pourraient jaser. Tu resteras non loin des portes. Laisse ensuite passer assez de temps pour que je regagne la demeure paternelle, entre en ville et présente-toi au palais d'Alkinoos.

Sur quoi, elle lève son fouet pour exciter les mules. On quitte les bords du fleuve pour marcher vers le bourg à pas pressés.

Le soleil se couche déjà quand Ulysse les quitte dans un petit bois. De leur côté, les jeunes filles rentrent vite chez elles.

Ses frères attendaient Nausicaa. Ils dételent les mules, emportent les paniers de linge parfumé. La jeune fille se retire dans sa chambre tandis que les servantes font les apprêts du repas.

C'est le moment où Ulysse entre dans la ville. Athéna l'a enveloppé d'une nuée qui le rend invisible et, sous la forme d'une petite fille aux boucles brunes, elle le guide par les rues. Enfin, elle s'arrête devant un palais magnifique.

— Voici la demeure que tu cherches. Tu trouveras le roi et les princes de ce pays en train de banqueter. Entre sans hésiter, car l'audace vaut mieux si on veut réussir. La maîtresse de maison est dans la salle. Son nom est Arété. Va droit à elle. Si elle te veut du bien, tu peux espérer revoir ta patrie bientôt.

Toujours invisible, Ulysse franchit le seuil et pénètre dans la grand-salle où les nobles de Phéacie, coupe à la main, saluent les derniers rayons du soleil. Il va jusqu'à la reine et se jette à ses genoux tandis que se dissipe la nuée dont Athéna l'a enveloppé. En voyant cet homme apparaître de nulle part, le silence se fait brusquement.

— Arété, dit Ulysse, je viens te supplier ainsi que ton mari et tes convives de me ramener au pays de mes pères. Cela fait tellement longtemps que je suis loin des miens et j'ai tant souffert !

En l'entendant, tous restent muets de surprise. Ulysse, de son côté, se relève et va s'asseoir dans la cendre, près du feu. Au bout d'un moment, enfin, on entend le plus âgé des nobles Phéaciens :

— Alkinoos, dit-il au roi, un hôte ne doit pas rester assis par terre de la sorte. Relève-le, fais-le asseoir à table et ordonne aux échansons de mêler le vin pour que nous buvions avec lui à Zeus protecteur des étrangers !

Aussitôt le roi va prendre Ulysse par le bras et l'installe dans un fauteuil. Vient la servante qui présente l'eau pour les mains dans un bassin brillant. Puis on dresse une table devant lui et l'intendante y pose tout ce qu'il faut pour qu'il mange à sa faim.

Pendant qu'Ulysse se restaure, l'échanson mélange dans le cratère le vin qui sent bon le miel et en verse à chacun dans sa coupe. Puis, quand tous ont fait leur offrande à Zeus et qu'ils ont bu selon leur soif, Alkinoos leur dit :

— Le repas est fini. Que chacun rentre chez soi. Demain, nous fêterons cet étranger plus dignement. Nous verrons alors comment l'aider à regagner son pays, puisque tel est son vœu.

Chacun des hôtes l'approuve puis se retire afin d'aller dormir.

Dans la salle où les servantes rangent les reliefs du repas, Ulysse reste seul avec le roi et la reine. C'est Arété qui entame la conversation car elle a reconnu le linge que porte l'étranger. Elle demande :

— Ce que je veux savoir, c'est ton nom et celui de ton peuple. Et qui t'a donné tes habits, car ce que tu nous as raconté m'a fait penser que tu viens de la mer après avoir fait naufrage.

— Comment pourrais-je, noble reine, te raconter tous les maux dont les dieux m'ont accablé ? Pourtant, puisque tu veux savoir, je répondrai. Loin d'ici se trouve une île dont la déesse Calypso a fait sa demeure. Lorsque mon navire fit naufrage dans les parages de cette île et que tout mon équipage fut noyé, elle m'a accueilli et promis de me rendre immortel. Mais j'ai toujours refusé et, pendant les sept ans que j'ai passé près d'elle, je n'ai jamais cessé de prier les dieux pour revoir ma patrie. Finalement, ils lui ont donné l'ordre de me laisser partir. Alors j'ai pris la mer sur un radeau et, après une traversée paisible, j'ai vu votre terre. Mais Poséidon n'a pas voulu que j'accoste paisiblement. Il a déchaîné une affreuse tempête et mon radeau s'est fracassé. Moi-même, je n'ai échappé à la noyade que de très peu. J'ai pourtant atteint le rivage où je me suis endormi, rompu par les émotions. C'est là que j'ai rencontré ta fille et ses servantes. Elle m'a donné du pain, du vin et les habits que je porte.

— Mon hôte, reprit Alkinoos, pourquoi ma fille ne t'a-t-elle pas conduit jusqu'ici ?

— Ne lui fais pas de reproche. Je ne suis pas entré en ville avec elle pour ne pas lui causer de tort. En ce monde, la médisance est chose courante.

— Ne crois pas, lui répond le roi, que je me fâche pour si peu. Et même, quand je te vois si semblable aux dieux, je dois dire que j'aimerais te garder près de moi en te donnant le nom de gendre. Mais puisque tu veux t'en aller, j'ai décidé que ton départ aurait lieu demain soir. Je ne veux pas que tu souffres plus longtemps d'être loin de la terre que tu aimes.

Tout submergé de joie, Ulysse le remercie avec chaleur et rend grâce aux dieux immortels. Pendant ce temps, Arété fait dresser un lit pour lui sous le porche, avec de beaux draps de pourpre, des tapis et des feutres laineux pour bien le couvrir.

Et tandis que le héros va se reposer, Alkinoos et son épouse se retirent au profond du palais, où se trouve leur couche.

Le lendemain, dès que l'Aurore apparaît dans son berceau de brumes, le roi Alkinoos s'élance de son lit, et, comme lui, se lèvent Ulysse et les Phéaciens. Tous prennent le chemin de l'agora où s'assemble le peuple.

Quand ils sont là, Alkinoos leur dit :

— J'ai là cet étranger qui demeure chez nous après avoir fait naufrage et qui demande qu'on le ramène chez lui au plus tôt. Ne le faisons pas attendre : tirons à l'eau un vaisseau et choisissons cinquante-deux rameurs vigoureux. Ainsi, dès ce soir, il pourra prendre la mer. En attendant, nous banquetterons chez moi pour apaiser notre faim.

Tous l'approuvent avec enthousiasme. On met à la mer un navire qu'on tire en eau profonde. Puis les rameurs attachent leur rame à leur banc. Sur quoi, chacun va chez le roi pour y recevoir nourriture et boisson comme promis.

Dans le palais d'Alkinoos, les Phéaciens sont assemblés en grand nombre. On a fait appeler Démodocos, le poète, qui s'apprête à chanter selon ce que lui inspire la Muse.

Pour ses hôtes, le roi a fait immoler huit cochons aux dents blanches, douze brebis et deux bœufs bien gras.

Le poète paraît, guidé par un aide car le sort lui a donné sa part de bien et sa part de mal : il a reçu le génie de chanter mais il est privé de la vue. Il commence à faire sonner la cithare. Et voilà qu'il choisit de chanter les hauts faits de ceux qui prirent Troie.

À l'entendre évoquer ses compagnons défunts, Agamemnon et Achille, Ulysse sent son cœur se serrer dans sa poitrine. Il se couvre le visage d'un voile et pleure des larmes amères.

Alkinoos le remarque et, pour éviter que son hôte ne soit confus devant les invités, il prie le poète de suspendre son chant.

Puis tandis qu'on sert les parts de viande et qu'on mêle le vin, il s'approche d'Ulysse et lui dit :

— J'ai vu que tu ne pouvais pas retenir tes larmes quand le poète chantait les guerriers tombés sous Troie. Quelle était la raison d'une telle émotion ? As-tu perdu alors un parent, un ami fidèle, un allié plein de sagesse ?

— Tu veux savoir la cause de mes larmes ? Mais de tous mes malheurs, lequel raconter en premier ?… Je vais commencer en vous disant mon nom : je suis Ulysse, fils de Laërte.

Mon royaume d'Ithaque n'est que rocher et pierraille, mais nul pays n'est plus doux à mes yeux.

Puis, en commençant par le début, le moment où avec sa flotte, il a quitté les rives de Troie, Ulysse raconte dans le détail tout ce qu'il lui est arrivé avant de toucher aux côtes de la Phéacie.

Tous, dans la grand-salle du palais, sont suspendus à ses lèvres ; certains en oublient même de boire et de manger.

Quand il se tait, au bout d'un long moment, Alkinoos, prend la parole :

— Cher Ulysse, dit-il, à présent que te voici dans ma demeure, tu n'auras plus de longues péripéties à vivre avant de rentrer chez toi. Quant à vous, mes amis, buvons du vin en l'honneur de ce héros fameux entre tous.

Mais Ulysse guette des yeux le déclin rapide du soleil qui rougeoie. Il a une telle hâte de partir. C'est au roi, aux nobles et aux rameurs tous ensemble qu'il adresse ces mots :

— Seigneurs, et toi, noble roi, faites votre libation aux dieux puis reconduisez-moi promptement. Je vous fais mes adieux. Vous avez fait plus que ce que j'osais attendre de vous.

Puissent les dieux vous accorder la paix et la prospérité et tenir le malheur à jamais éloigné de votre pays !

Tous applaudissent, enchantés de l'entendre si bien parler. Puis Alkinoos appelle un de ses fils et lui ordonne de conduire leur hôte au port.

Ulysse s'apprête à sortir du palais quand une douce voix l'appelle. C'est Nausicaa aux bras blancs qui vient faire ses adieux.

— Bon voyage, cher hôte ! lui dit-elle. Quand tu seras rentré au pays de tes pères, garde le souvenir de moi. Car c'est à moi en premier que tu devras ton salut.

— Fasse les dieux que je rentre chez moi, belle princesse ! Alors mes actions de grâce iront vers toi comme à une déesse !

Sans plus tarder, Ulysse descend à la mer. Dès qu'il est au vaisseau, les marins rangent ses effets et ses provisions puis, sur l'avant, lui installent un lit afin qu'il se repose.

Alors Ulysse se couche tandis qu'on détache l'amarre et que les rameurs tirent sur l'aviron. Bientôt le doux sommeil ferme les yeux du héros. Pendant qu'il dort, le vaisseau court sur la mer, si rapide qu'un épervier ne pourrait pas le suivre.

Un peu avant le jour, le navire arrive près d'Ithaque. Il y là un bon port où deux bandes de rochers abritent si bien la rade qu'on peut y laisser les navires sans ancre. Les Phéaciens entrent dans ce port qu'ils connaissent bien et échouent à demi le navire sur le sable. Ils sautent de leurs bancs, prennent Ulysse avec son lit, sans l'éveiller, le déposent sous un grand olivier qui pousse là et, sur-le-champ, repartent chez eux.

Mais Poséidon a tout vu. Sa colère est terrible. Il monte sur l'Olympe et s'adresse ainsi à Zeus :

— Quel respect auront pour moi les autres dieux si les hommes me défient impunément ? Regarde les Phéaciens. Ils ont ramené cet Ulysse que je poursuivais de ma colère. Bien sûr, je ne voulais pas le priver du retour, sachant que tu lui avais promis le contraire. Mais j'aurais voulu retarder ce moment, pour le punir encore de son insolence ! À présent, je ne rencontrerai plus que du mépris chez les Immortels !

— Que dis-tu, Poséidon ? Toi, nous te mépriserions ? Toi dont la force est sans rivale ? Allons, n'en parle même pas et fais ce que bon te semble pour punir ces mortels qui te manquent de respect.

— C'est ce que j'aurais déjà fait mais je ne voulais pas te fâcher. J'ai envie de réduire leur bateau en miettes pour faire passer l'envie aux Phéaciens de transporter n'importe qui.

— Écoute plutôt ce que je te propose, répond Zeus. Dès que le navire sera en vue de son port d'attache, je le changerai en un bloc de pierre. En le voyant jour après jour, ces humains arrogants se rappelleront qu'on ne défie pas impunément les Immortels.

Poséidon accepte et Zeus fait comme il a dit : au moment où le vaisseau pénètre dans le port, il cesse d'avancer. Ceux qui sur le bord attendent voient le prodige et s'en effarent !

Aussitôt ils courent chez Alkinoos pour tout lui raconter.

— Hélas, dit celui-ci, c'est là un coup porté par les dieux. Je me doutais qu'un jour il nous faudrait cesser de mener les gens où ils veulent. Dorénavant, nous nous soumettrons à la volonté de Poséidon : nous ne servirons plus de passeurs à quiconque vient chez nous.

Le retour d'Ulysse en Ithaque

Résumé des épisodes précédents.

Dix ans à combattre sous les murailles de Troie suivis de dix ans d'aventures et de mésaventures sur le chemin du retour, cela fait vingt ans qu'Ulysse a quitté Ithaque.

À l'époque, il est parti avec une flotte et un contingent de soldats. Mais tous les vaisseaux, sauf un, ont été détruits par les Lestrygons, des géants qui ont dévoré leurs équipages. Après avoir échappé au Cyclope – lui aussi mangeur d'hommes – à Circé, aux Sirènes, à Charybde et à Scylla, le bateau restant, celui d'Ulysse, a finalement été coulé par Zeus. Tous les matelots ont été noyés sauf Ulysse.

Ulysse, lui, est resté sept ans chez la nymphe Calypso, au bout du monde, a essuyé une dernière tempête qui a détruit son radeau, est parvenu en Phéacie. Là, il a été recueilli par la charmante Nausicaa avant que son père, le roi des Phéaciens, ne le fasse reconduire sain et sauf dans son île.

Seulement, ce n'est pas si facile de rentrer chez soi après une aussi longue absence…

I

Pendant qu'en Phéacie on sacrifie aux dieux pour favoriser le retour du vaisseau qui a conduit Ulysse à sa terre natale, celui-ci s'éveille de son sommeil. Mais il ne reconnaît rien : l'absence a été si longue ! De plus, Athéna a noyé le paysage dans une épaisse brume.

En gémissant, Ulysse se lève et regarde le pays de ses pères qui lui semble étranger. Il se tord les mains et dit, au comble de l'abattement :

— Hélas ! les Phéaciens n'ont pas tenu leur promesse, ou un dieu leur a fait prendre cette terre pour la verte Ithaque ! C'est trop de malheurs ! J'aimerais mieux être couché dans la mort que d'errer plus longtemps sur cette terre ingrate !

Survient alors Athéna sous les traits d'un adolescent : elle porte une double cape en lin et des sandales et tient une houlette.

Ulysse est heureux de la voir.

— Ami, dit-il, puisque tu es le premier que je rencontre, aide-moi ! Quel est ce pays ? Est-ce une île ou une pointe de terre qui s'enfonce dans la mer ?

— As-tu l'esprit dérangé pour poser une telle question ? Cette terre n'est pas riche mais produit le nécessaire en grain, en vin et en bétail. Du reste, son nom n'est pas tellement inconnu puisqu'il est allé jusqu'à Troie. Mais toi, d'où viens-tu et qu'est-ce qui t'a-mène ?

En l'entendant, Ulysse devine qu'il a peut-être enfin touché au but. Mais il reste maître de lui-même et répond avec son habileté coutumière :

— J'arrive de Crète d'où j'ai dû fuir pour échapper à une vengeance. Le navire qui me portait est entré dans la rade hier soir, à la nuit tombante. Rompu de fatigue, je me suis endormi sitôt débarqué. Les matelots sont repartis pour Sidon, leur ville, avant mon réveil.

Athéna sourit en l'entendant accommoder la vérité. Puis, changeant d'aspect pour redevenir une jeune femme, elle dit :

— Quel menteur pourrait te surpasser quand il s'agit de ruser, Ulysse ? Mais trêve de finasseries, je suis venue te prévenir des difficultés qu'il te reste à vaincre. D'abord, il te faudra tout supporter, mots durs, brimades, injures, sans jamais répondre ni dire à quiconque que c'est toi et que tu reviens reprendre ton bien.

Ulysse alors reconnaît la déesse. Il lui demande :

— Je t'en prie, dissipe mes doutes : est-ce vraiment Ithaque ?

— Je te reconnais bien là ! D'autres que toi auraient déjà couru retrouver leur famille ;

tandis que toi, tu te méfies, tu veux éprouver la fidélité des tiens. Allons, regarde !

Aussitôt, elle dissipe le brouillard. Ulysse reconnaît son pays. Quelle joie le submerge ! Il se jette à genoux, il embrasse la terre qui nourrit les hommes ! Puis, les mains vers le ciel, il remercie les dieux immortels !

— Allons ! dit Athéna dès qu'il s'apaise. Écoute-moi, j'ai encore beaucoup de choses à te dire. Tout d'abord, il faut que tu saches que depuis trois ans une troupe de prétendants s'est installée dans ton palais. Ils ne songent qu'à prendre ta place et pressent Pénélope, ton épouse, de choisir l'un d'eux pour te remplacer. Elle n'aspire qu'à te revoir ; mais pour assurer la sécurité de son fils, elle les fait lanterner et les amuse par des promesses qu'elle ne tient pas.

En l'entendant, Ulysse bout de colère. Ces prétendants, il voudrait les voir morts, leur sang répandu sur les dalles du palais. Mais il sait que la force seule ne mènerait à rien.

— Hélas ! soupire-t-il, je comprends que sans tes conseils j'aurais été assassiné dès mon retour, comme Agamemnon. Mais avec ton aide, je trouverai un plan pour m'en tirer et me venger.

— Tu peux compter sur moi le moment venu. Pour l'heure, je vais transformer ton apparence et tu te rendras chez Eumée, le porcher. Il surveille toujours ton troupeau de truies et de verrats aux dents blanches. Chez lui, tu seras en sécurité. Une fois là, écoute, informe-toi, cherche à découvrir qui t'est resté fidèle.

Sur ces mots, la déesse le touche de la main : la peau d'Ulysse se flétrit, ses cheveux tombent, l'éclat de ses yeux se ternit. Le voici transformé en un vieux loqueteux à la robe mangée par les mites. Puis elle jette sur son épaule une besace rapiécée, lui met un bâton noueux à la main et s'en va.

De son côté, Ulysse prend le sentier rocailleux qui traverse le bois et se rend à la demeure du porcher.

Il le trouve dans la cour entourée d'un haut mur qu'il a construit pour mieux protéger le troupeau du maître absent. À l'intérieur de cette enceinte, s'alignent douze stalles pour abriter les truies. Dans chacune logent cinquante truies qui ont toutes mis bas et qu'on rentre tous les soirs. Les mâles couchent dehors et leur nombre est moindre que celui des femelles : trois cent soixante.

Eumée est assis sur un banc de pierre, ajustant à son pied la sandale qu'il est en train de tailler dans un cuir de bœuf. Ses aides sont partis garder les pourceaux ou mener à la ville le cochon que les prétendants exigent chaque jour pour leur banquet.

Quand les chiens voient Ulysse, ils s'élancent sur lui en aboyant. Sagement, il s'assied, pose son bâton et attend ce qui va se passer. Eumée se lève, court à la porte, calme ses chiens puis s'adresse à son maître qu'il n'a pas reconnu :

— Un peu plus et mes chiens te taillaient en pièces, vieil homme ! Tu m'aurais causé des ennuis dont je n'ai pas besoin ! Suis-moi plutôt dans ma cabane. Je veux que tu aies ta part du pain et du vin de mon maître. Car je songe qu'en ce moment, il est peut-être à la porte d'un étranger en train de mendier sa pitance. Cette pensée, vois-tu, me déchire le cœur !

Et l'honnête porcher le mène dans sa hutte, le fait asseoir sur la banquette qu'il a recouverte d'une peau de chèvre. En voyant comment il le reçoit, Ulysse le remercie chaleureusement.

— Vois-tu, étranger, répond Eumée, j'ai coutume d'accueillir les visiteurs d'où qu'ils viennent et quel que soit leur aspect. Seulement, en l'absence de mon maître, je fais comme je peux, car je subis la loi injuste des prétendants.

Là-dessus, il s'en va chercher deux porcelets, les égorge, les flambe au feu, les taille menu et les enfile sur des brochettes.

Dès que la viande est cuite, il la pose devant Ulysse en la saupoudrant de blanche farine. Puis, dans une coupe, il mêle le vin noir au miel et aux aromates. Ulysse accepte avec joie ces mets succulents, et, tout en mangeant, demande :

— Ami, dis-moi le nom de ce maître que tu attends. J'ai tant navigué que je pourrai peut-être te dire ce qu'il est devenu.

— Hélas ! Je sais que souvent les vagabonds inventent des histoires pour qu'on les reçoive bien. Toi aussi, sans doute, tu en forgeras une pour ma maîtresse, et elle t'écoutera car tout ce qu'on peut lui dire de son mari la bouleverse... Mais pas à moi ! Je sais trop bien que ses os décharnés blanchissent sur quelque rivage désert ! Pourtant, j'aurais plus de plaisir à le revoir qu'à retrouver mon père et ma mère. Ulysse était un ami et un frère en plus d'un maître vénéré ! Mais discutons d'autre chose, car parler de lui me fait trop de peine. Dis-moi à ton tour quels furent tes malheurs.

— Pour te les raconter, une année entière ne suffirait pas. Sache seulement que, des années durant, un dieu puissant s'est acharné à me nuire. Quant à Ulysse, j'ai entendu parler de lui chez le roi des Thesprotes qui l'a reçu. On dit qu'ensuite il a fait route vers Dodone, demander à l'oracle de Zeus comment revenir chez lui.

— Je vois que tu ne veux pas parler de toi. N'importe ! Ce que tu dis me ravirait si je pouvais te croire. Mais il est temps de dormir. Couche-toi près du feu. Pour moi c'est près des porcs que je passe la nuit, au cas où quelque fauve voudrait m'en voler un.

Il dit et sort, tandis qu'Ulysse se réjouit de voir que son serviteur est demeuré loyal.

II

Le lendemain matin, l'Aurore aux mille éclats paraît à peine qu'un navire aborde au rivage d'Ithaque. Il ramène au pays Télémaque, le fils d'Ulysse, qui, avec quelques compagnons, s'est rendu à Sparte et à Pylos, chercher des nouvelles de son père.

La veille, alors que déjà les rivages de l'île apparaissaient dans le lointain, Athéna est apparue au jeune homme.

— Écoute, lui a-t-elle dit. Les chefs des prétendants sont en embuscade et veulent te tuer avant que tu ne touches terre. Alors, écarte ton bateau de la côte et navigue toute la nuit pour aborder de l'autre côté de l'île. Une fois au rivage, laisse tes compagnons rentrer en ville et rends-toi directement chez le porcher Eumée.

Sur quoi elle a disparu pour regagner l'Olympe.

Télémaque a fait très exactement comme elle a conseillé.

Et, continuant de suivre son avis, dès qu'il touche terre, il dit à ses compagnons :

— Remontez à la ville ; de mon côté je dois aller chez le porcher. Je compte offrir demain mon banquet de retour et je veux voir avec lui quelles bêtes choisir.

Puis, les laissant, il prend le chemin qui conduit chez Eumée.

Dans la cabane, Ulysse et le porcher sont en train de parler. Quand Télémaque approche, les chiens courent vers lui, mais c'est pour le couvrir de caresses et non pour l'agresser. Ulysse entend tout et dit :

— Voici qu'on vient te voir. Et c'est un ami car les chiens le connaissent.

Aussitôt Eumée se lève. Il va à son jeune maître et le prend dans ses bras. On croirait voir un père qui accueille un fils chéri.

— Télémaque ! ma douce lumière, entre donc ! Je craignais de ne jamais te revoir. Tu te fais si rare chez moi. As-tu tant de plaisir à rester dans ta maison auprès de ces bandits ?

— Du calme, vieux père ! Tu le vois, dès mon retour je suis venu te voir. Mais dis-moi, ma mère est-elle toujours à la maison ou a-t-elle cédé l'antique lit d'Ulysse aux araignées ?

— Grâce au ciel, elle résiste toujours à tous ceux qui la pressent, objurguent, la menacent.

Tout en parlant, le porcher et le jeune homme entrent dans la cabane. Ulysse se lève pour céder sa place, mais Télémaque :

— Reste assis, étranger ! Eumée me trouvera un autre siège.

Et en effet, le porcher, rembourrant l'autre banc avec des branches vertes et des peaux de moutons, lui fait un siège. Puis il met devant eux les viandes qui restent de la veille, sert le vin.

— Qui est ton hôte ? demande alors Télémaque.

— Il dit être né dans les plaines de Crète. Ce qui est sûr, c'est qu'il a subi beaucoup d'épreuves. Mais à présent, je te le confie, il est ton invité.

— Ah ! comment peux-tu être aussi cruel avec moi, Eumée ! Tu sais bien que je ne peux pas le prendre chez moi. Je ne pourrais pas le protéger contre les insultes et les brimades des prétendants.

— Dis-moi, jeune homme, demande Ulysse, est-ce de ton plein gré que tu consens à ce qu'on te traite de la sorte ? Ou bien es-tu la victime du peuple, qui a pris parti contre toi ? À ta place, je m'armerais pour les chasser et je préférerais mourir que de les laisser continuer leurs rapines.

— Bon vieillard, ce n'est pas le peuple, répond Télémaque, il m'est plutôt favorable. Seulement je ne suis pas encore assez aguerri pour m'attaquer à tous ces gens. Mais laissons cela… Toi, Eumée, va en ville prévenir ma mère de mon retour. Dis-lui que je suis sain et sauf. Et surtout, pas un mot à quiconque d'autre. Je me méfie de leurs machinations.

Aussitôt, le porcher s'éloigne vers la ville. Alors Athéna apparaît aux yeux d'Ulysse sans que Télémaque la voie et dit :

— Il est temps que ton fils sache qui tu es. Fais-toi reconnaître. Puis vous mettrez au point une stratégie pour éliminer les prétendants.

Sur quoi, l'effleurant de la main, elle lui rend tout son éclat. Sous les yeux étonnés de Télémaque, le voici qui retrouve la souplesse de sa peau bien hâlée, ses joues se remplissent, sa barbe aux reflets noirs repousse, ses yeux étincellent de nouveau.

— Quel changement ! s'exclame Télémaque. Serais-tu donc un immortel qui parcourt la Terre ?

— Je ne suis pas un dieu, mon fils… Je suis ton père, pour qui tu as versé tant de pleurs et vécu tant d'alarmes.

Pendant qu'il parle, les larmes qu'il a retenues jusqu'alors coulent sur ses joues et tombent sur le sol.

Mais Télémaque ne veut pas le croire :

— Non, tu n'es pas mon père ! Un homme ne pourrait pas changer d'aspect ainsi. Tu es un dieu cruel qui se moque de moi !

— Crois-moi, mon fils, et n'aie aucune crainte. Ce prodige est l'œuvre d'Athéna, qui nous protège.

Alors Télémaque tombe dans les bras de son père. Et tous deux fondent en sanglots. Ils pleurent et c'est pitié de voir combien ils ont été malheureux de leur longue séparation.

Et sans doute auraient-ils pleuré ainsi jusqu'à la nuit si Télémaque n'avait soudain demandé :

— Dis-moi, père, j'ai souvent entendu vanter ta prudence. Or tu parlais de s'armer pour chasser les prétendants. Ignores-tu qu'ils sont plus de cent vingt, sans compter les valets. Comment veux-tu que, sans alliés, nous luttions contre une telle armée ?

— Sans alliés, dis-tu ? Tu as tort ! Je t'en citerai deux : Athéna et son père, Zeus. Où pourrais-tu trouver un soutien plus puissant ?

— Effectivement, on ne peut en rêver de meilleurs, même s'ils trônent un peu trop haut dans le ciel à mon goût. Mais quand il s'agit des mortels, ils sont tout-puissants, j'en conviens.

— Tu les verras à l'ouvrage dès demain, au palais, au moment de combattre les prétendants. Toi, tu iras devant. Moi, je monterai en ville un peu après, avec Eumée. J'aurai repris les traits d'un vieux mendiant. Quoi qu'il puisse arriver alors, surtout, n'interviens pas ! S'ils m'insultent, s'ils me maltraitent, ravale ta colère et ne réagis pas. En revanche, fais disparaître toutes les armes pendues aux murs ; tu prétendras qu'elles commencent à se rouiller et que tu les a rangées dans la chambre du trésor, à l'abri de l'humidité. C'est Zeus qui m'a conseillé d'agir ainsi. Et surtout, fils, que personne ne sache mon retour ! N'en parle même pas à Eumée. Il pourrait tout faire rater, par maladresse.

— Père, tu me connais puisque je suis ton fils. Ne redoute aucune étourderie de ma part : je suivrai tes consignes en tout point.

Tandis qu'ils font des plans, les compagnons de Télémaque arrivent en ville et annoncent le retour du jeune prince. En apprenant la nouvelle, les prétendants font grise mine :

— Ainsi, ce petit insolent est revenu, dit Eurymaque, leur meneur. Nous lui avions interdit de partir, et le voilà qui revient pour nous narguer en déjouant nos pièges.

— À mon avis, dit Antinoos, il faut en finir avec lui tout de suite. Le peuple lui est dévoué et risque de prendre son parti. Dans ce cas, les choses iraient mal pour nous.

— Je ne suis pas d'accord pour le tuer tout de suite, dit un autre des prétendants. Augmentons d'abord notre pression sur Pénélope. Quand elle aura choisi un de nous, il sera plus facile de se défaire du fils qui sera isolé.

Tous l'approuvent et trouvent qu'il a parlé avec adresse.

Eumée, de son côté, s'est rendu chez la reine lui dire :

— Réjouis-toi, Pénélope. Ton fils est rentré sain et sauf de Pylos.

Puis, aussitôt, il est retourné chez lui.

Dans la cabane, il apprête le repas du soir pour son jeune maître et l'étranger qui a retrouvé sa figure misérable. Puis, quand ils ont apaisé leur appétit, ils parlent de dormir et s'en vont goûter la douceur du sommeil réparateur.

Mais dès que de son berceau de brumes paraît l'Aurore fulgurante, Télémaque rentre au palais. Il monte tout droit à l'étage de sa mère qui le prend dans ses bras, le couvre de baisers et, le serrant tendrement sur son sein, lui demande :

— Te voici, Télémaque, mon doux soleil ! Dis-moi, dans le palais du sage Nestor, as-tu reçu des nouvelles de ton père ?

— Aucune ! En revanche, un étranger vient d'arriver avec des nouvelles réjouissantes. Tu le verras bientôt au palais. Baigne tes yeux que les larmes assombrissent et revêts tes plus beaux habits. Le retour de celui que nous attendons est proche !

En l'entendant, Pénélope sent son cœur battre très fort dans sa poitrine. Tout émue, elle prie Zeus de lui venir en aide.

Pendant ce temps, Eumée et Ulysse ont gravi la dure côte qui monte de la mer. Les voici arrivés devant le porche du palais. Dans la grande cour, les prétendants s'exercent à lancer le disque et le javelot. Des champs arrivent les bergers poussant devant eux les bêtes que, selon leur habitude, ces parasites vont immoler pour leur festin.

À ce spectacle, Ulysse sent la colère qui le gagne. Pourtant, il reste maître de lui. Rien, sur son visage, ne vient trahir sa rage.

— Va devant, dit-il à Eumée. Je veux me présenter au palais seul. Ainsi, tu n'auras pas à subir les inconvénients de ma compagnie. Et n'aie crainte : je suis assez habitué aux railleries et aux mauvais traitements pour ne plus y faire attention.

Or, tandis qu'Eumée s'éloigne, Ulysse voit un chien, couché près de la porte. En l'entendant, la pauvre bête, qui n'a plus que la peau sur les os tant il est vieux, soulève péniblement sa grosse tête.

Ulysse rappelle Eumée et lui demande :

— Dis-moi, quel est ce chien ? Il est de belle race. On ne voit plus rien de sa beauté mais je crois qu'il a été magnifique.

— C'est Argos, répond le porcher. Un chien que notre maître a nourri de sa main quand il n'était qu'un chiot plaintif et qu'il avait dressé pour la chasse au cerf. Maintenant que son grand âge le rend inutile, il couche sur le fumier où les servantes oublient souvent de lui porter sa pitance. Tu vois comment, à présent, sont traités les fidèles de ce maître que je regrette !

Là-dessus, il s'en va pendant qu'Ulysse s'approche de l'animal. Ce dernier a reconnu l'homme qui vient vers lui : il remue la queue, couche ses oreilles, soupire.

Ulysse se penche sur le fidèle compagnon. Mais Argos n'est plus. Les ombres de la mort viennent de couvrir ses yeux qui ont vu, une dernière fois, le maître bien-aimé.

III

À son tour Ulysse entre dans le palais. Il va dans la grand-salle où les prétendants se sont installés pour faire bombance. Allant de l'un à l'autre, il tend la main pour mendier du pain comme s'il n'avait rien fait d'autre de toute sa vie. Par pitié on lui en cède, mais quand il arrive devant Antinoos et qu'il lui dit :

— Donne, ami, car je vois que tu n'es pas le moins riche. Il faut te montrer plus généreux que les autres.

Antinoos lui répond avec colère :

— Quel dieu nous a envoyé cette plaie qui gâche le festin ? Tu oses tendre la main, impudent ! Tu en prends à ton aise avec le pain d'autrui !

— Je vois que ton cœur n'est pas en rapport avec ton allure ! Tu me refuserais l'hospitalité sous ton toit puisque, chez un autre, tu me refuses un peu du pain que tu lui soutires.

— Attends, canaille ! Tu ne quitteras pas cette salle en état de continuer à m'insulter !

Et en même temps qu'il parle, il saisit un tabouret de bois et le lance. Ulysse le reçoit en pleine épaule droite. Mais, tel un roc, il ne bronche pas et cache sa colère qui augmente encore.

Par ses servantes, cependant, Pénélope apprend ce qui vient de se passer dans la salle. Elle envoie chercher son fils et, quand il paraît devant elle :

— Télémaque, que me dit-on ? Tu laisses insulter et frapper un hôte sous ton propre toit, sans réagir ?

Tranquillement, Télémaque lui répond :

— Ma mère, je comprends ta colère. Mais si je ne suis pas intervenu, c'est que cet étranger m'a prié de ne pas le faire. Je pense qu'il a de bonnes raisons pour agir ainsi, et comme il m'a fait confiance, moi, j'ai fait en sorte de la mériter.

Pénélope sourit car, dans le fils, elle reconnaît la sagesse du père.

— Cet étranger me semble extraordinaire, dit-elle. Amène-le-moi, je sais qu'il a beaucoup voyagé. Peut-être pourra-t-il me donner des nouvelles d'Ulysse.

Sans tarder, Télémaque s'en va chercher Ulysse. Il le trouve dans la grand-salle, assis sur un escabeau, et lui fait signe de le suivre.

— Père, dit-il, ma mère veut te voir. Elle va t'interroger sur tout en pleurant. Te feras-tu reconnaître ?

— Il est trop tôt, mon fils. Mais je vais lui parler et je saurai ce qu'au fond d'elle-même elle pense vraiment.

Le voici qui monte chez la reine. Elle le fait asseoir sur un siège qu'elle recouvre de l'épaisse toison d'un mouton puis lui demande qui il est et d'où il vient. Avec sa ruse habituelle, il répond par un mensonge si bien tourné qu'elle le prend pour la vérité. Alors elle le presse de dire s'il a des nouvelles d'Ulysse.

Tout heureux de constater que Pénélope l'attend toujours avec une brûlante impatience, il répond :

— Voilà bien des années de cela, j'ai reçu le divin Ulysse, chez moi, en Crète. Il a séjourné sous mon toit onze jours avant de repartir sur son vaisseau.

En l'entendant, Pénélope ne peut pas retenir un flot de larmes. Puis quand elle a tari ses yeux, elle demande :

— Étranger, donne-moi une preuve de tes dires. Décris-moi le vêtement qu'il portait.

— C'est difficile après tant d'années. Mais je me rappelle que pour fermer son manteau, il avait une agrafe en or représentant un chien tenant un faon moucheté entre les pattes de devant.

Réprimant sa forte envie de pleurer à nouveau, Pénélope dit :

— C'est bien l'agrafe de mon mari que tu as décrite. Je veux t'accueillir ici comme tu l'as accueilli chez toi. Pour commencer, je vais appeler les servantes pour qu'elles te conduisent au bain.

— Hélas, répond Ulysse, je suis si diminué et j'ai subi tant de moqueries que je ne supporte plus que des servantes s'occupent de moi. Je prendrai juste un bain de pieds à condition que tu aies, pour me le donner, une vieille femme que la vie a éprouvée autant que moi. Celle-là, j'accepte qu'elle touche à mes pieds.

Aussitôt Pénélope appelle Euryclée.

— Va, ma sage Euryclée, baigner les pieds de cet homme. C'est ton contemporain. Comme toi il a subi les vicissitudes de la vie.

Euryclée, elle aussi, a les yeux baignés de larmes. Elle a entendu l'étranger parler de son Ulysse, elle qui l'a nourri quand il était enfant. Elle conduit l'hôte jusqu'aux thermes, elle lui disant :

— Ah ! j'ai tant de chagrin en songeant que, comme toi, mon cher Ulysse a peut-être connu le mépris des servantes.

Puis elle verse de l'eau chaude dans une bassine, y mêle de l'eau froide. Mais à peine est-elle aux pieds de l'hôte qu'en frottant ses genoux elle reconnaît une cicatrice. C'est celle d'une blessure qu'y a faite autrefois un sanglier à la défense blanche. De saisissement, elle laisse retomber le pied dans le chaudron. Le bronze tinte, le chaudron se renverse, l'eau se répand au sol. L'émotion, le bonheur emplissent le cœur usé de la nourrice. Elle défaille à moitié, sa voix s'éraille quand elle s'écrie :

— Ulysse, mon petit ! C'est toi, mon cher enfant ! Et moi qui ai mis tant de temps à te reconnaître alors que tu étais là, devant mes yeux !

Et aussitôt elle veut se lever, courir à Pénélope lui dire que le maître est là. Mais Ulysse la retient fermement et lui ferme la bouche de la main.

— Chut, Euryclée ! Tu veux donc être la cause de mon trépas, toi dont le sein m'a nourri ? Tu sais la vérité avant tous les autres mais, pour l'heure, il faut la taire. Nul ne doit savoir ma présence ici. Il en va de mon salut et de celui de Télémaque.

— Sache-le, cher Ulysse, rien ne saurait me faire parler.

Sur quoi tous deux se taisent pour garder leur secret.

Quand elle a fini de baigner les pieds d'Ulysse, Euryclée emporte bassine et chaudron. De son côté, le héros retourne auprès de la reine, pour prendre congé. Mais elle le retient afin de lui exposer l'idée qu'Athéna vient de lui souffler :

— Étranger, donne-moi ton avis. Je sens qu'approche ce jour de malheur où, malgré moi, je devrai quitter cette maison. Mais pour déjouer les prétendants, je vais leur proposer une épreuve. Jadis Ulysse alignait douze haches. Puis, bandant son arc, il envoyait sa flèche à travers l'œil des douze haches. C'est ce que je vais leur proposer : celui qui parviendra à ployer l'arc pour passer la corde dans l'œillet, à le bander et à tirer une flèche aussi habilement que le faisait Ulysse, celui-là je le suivrai dans sa demeure comme épouse.

Ulysse lui répond :

— Tu as raison, ouvre ce concours. Tu verras rentrer ton mari avant qu'un de ces freluquets ait pu tendre la corde de l'arc et traverser les haches.

Alors, tandis qu'Ulysse redescend dans la salle, Pénélope se rend à la salle du trésor et y prend l'arc d'Ulysse qui est pendu à un clou. C'est un arc très puissant et très dur à ployer, car il est fait de lamelles de cornes de mouflon et de bois.

Puis, à son tour, elle se rend dans la salle. Athéna a versé sur elle la beauté et le charme, et c'est une immortelle que croient voir les prétendants qui festoient. À la main elle tient l'arc et le carquois plein de flèches à la pointe mortelle. Derrière, viennent les suivantes, chargées des fers de hache. Très digne, les épaules en arrière, le buste droit, elle leur parle avec hauteur.

— Écoutez-moi, prétendants ! Tous les jours, tels des vautours, vous fondez sur ce logis pour le piller. La seule excuse que vous avancez pour vous disculper, c'est votre désir de me prendre pour épouse. Eh bien ! mes petits messieurs, voici l'épreuve qu'il vous faudra réussir si vous voulez me conquérir. Mon époux, le divin Ulysse, la réussissait ; il ne sera pas dit que mon nouveau mari ne le vaudra pas.

Et aussitôt, pendant qu'elle leur explique ce qu'ils auront à faire, Eumée, tout ému de revoir l'arme du maître, dispose les fers comme on le faisait du temps d'Ulysse. Il trace au sol une ligne bien droite et plante les fers autour desquels il fait remonter de la terre pour les rendre stables.

Aussitôt, Télémaque se saisit de l'arc et dit :

— Ah misère ! Ma mère m'annonce froidement qu'elle va quitter la maison ! Mais pour l'en empêcher, je veux réussir l'épreuve en premier, car alors vous la laisserez en paix dans ma maison.

Par trois fois il tente de mettre la corde en place. À la troisième fois, il plie si bien l'arc qu'il va peut-être réussir quand Ulysse, de la tête, lui fait signe de cesser son effort.

— Ah ! misère, s'écrie-t-il, toute ma vie ne sera-t-elle donc que faiblesse !

Et posant l'arc à terre, il repart s'asseoir dans son fauteuil.

L'un après l'autre les prétendants s'escriment en vain à ployer l'arc : tous leurs efforts sont inutiles. Eurymaque, qui l'emporte sur tous les autres en vigueur, est le dernier à essayer. Il le frotte de suif pour le rendre plus souple, le chauffe devant le feu. Mais il a beau faire, il ne parvient pas à faire passer la corde dans le crochet.

— Ce qui m'enrage, dit-il, ce n'est pas tant de voir m'échapper Pénélope mais de constater à quel point Ulysse nous dépassait. Quelle honte pour nous !

Antinoos le fait taire en disant :

— Eurymaque, c'est aujourd'hui la fête d'Apollon, le divin archer. Réussir cette épreuve un tel jour serait une insolence envers lui.

Laissons les fers en place, nous essayerons à nouveau demain.

Tous l'applaudissent et il s'assoit. Mais c'est alors qu'Ulysse s'avance et dit :

— Écoutez, jeunes Grecs, Antinoos a raison de dire qu'il faut s'en remettre aux dieux. Demain ils donneront la victoire à qui ils voudront. Mais en attendant, je voudrais vérifier si la vigueur qui fut mienne jadis m'a complètement abandonné.

Les autres se mettent en colère. Cela paraît impossible et pourtant, si ce vieux loqueteux allait réussir ?

— As-tu perdu l'esprit, espèce de gueux ? lui lance Antinoos. Nous tolérons ta présence parmi nous et tu nous défies ? Assieds-toi ou j'ordonne à mes serviteurs de te traîner dehors !

Mais Pénélope intervient :

— Allons, Antinoos, il faut toujours respecter un hôte. Et puis regarde-le. Crois-tu que même s'il parvenait à bander l'arc, il pourrait m'emmener dans sa maison ? Il n'en a pas. S'il a envie de s'amuser, laisse-le faire.

Aussitôt, tous les prétendants approuvent. Ulysse prend en main l'arc qui va semer la mort.

En le voyant faire, Télémaque lance à sa mère :

— Mère, rappelle toutes tes suivantes et remonte avec elles dans ton appartement. Ce qui va se passer ici n'est pas l'affaire des femmes.

Elle, frappée par le ton décidé de son fils, s'empresse d'obéir.

IV

Dans la grand-salle, c'est le chahut. Les uns rient et se moquent de voir ce miséreux l'arc en main. D'autres sont fâchés : ils craignent que l'étranger ne réussisse son défi.

Ulysse tourne et retourne l'arc pour voir si, durant tout le temps où il n'a pas servi, les vers n'ont pas rongé la corne.

De son côté, Télémaque parle bas à Eumée. Il lui ordonne de fermer à clef les portes de la salle et de rabattre les volets de bois. Il l'envoie ensuite au portail, fermer les deux battants et les assujettir avec un gros câble de navire.

Ulysse a fini de vérifier le grand arc. Il l'a trouvé en bon état et, comme un musicien expert fixe sans difficulté une corde neuve à sa cithare, de la main gauche, sans effort apparent, il ploie l'arc tandis que, de la droite, il assujettit la corde qui vibre et lance un cri comme celui de l'hirondelle au printemps.

Pour les prétendants, c'est un moment d'angoisse : tous changent de couleur quand Ulysse sort une flèche du carquois, l'ajuste sur l'arc, tire sur la corde et l'expédie au but. D'un trou à l'autre, traversant toutes les haches, elle vole en sifflant.

Sur le visage des prétendants se peignent la stupeur et la consternation tandis qu'Ulysse, posément, tire toutes les flèches hors du carquois et les pose devant lui.

— Mes beaux messieurs, dit-il alors, fini les jeux gentils. Il y a une autre cible à laquelle vous n'avez pas pensé. Voyons si Apollon me permet de l'atteindre.

En même temps qu'il parle, il prend une première flèche et la décoche sur Antinoos. L'autre s'apprêtait à boire le vin aux reflets sombres. Qui aurait pu penser que la pâle mort viendrait le prendre en plein festin ?

La flèche vient percer sa gorge délicate et ressort par la nuque. Il tombe tandis qu'un flot de sang épais coule de ses narines.

En le voyant au sol, les prétendants courent aux murs où ils pensent trouver leurs javelots et leurs lances. Mais rien ! Télémaque a tout fait emporter. Ils se tournent alors vers Ulysse :

— Étranger ! Tu viens de tuer le plus en vue des jeunes d'Ithaque ! Le peuple ne te le pardonnera pas. Les vautours auront ta carcasse !

Ils parlent ainsi car ils croient qu'Ulysse a agi par maladresse. Mais lui les toise fièrement et leur répond :

— Ah ! chiens ! Vous pensiez que je ne reviendrais jamais de Troie ! Alors vous avez pillé ma maison et prétendu à la couche de mon épouse. Voyez où votre impiété vous a menés, vous que la mort tient déjà dans ses bras.

En l'entendant, tous verdissent de peur.

C'est alors qu'Athéna lui rend son apparence royale. À leurs yeux effarés, il apparaît soudain tel que les Troyens l'ont vu, terrible et sans pitié.

Seul, Eurymaque a encore le front de parler :

— Ulysse ! dit-il. C'est toi qui nous reviens enfin ! Tu as raison d'être en colère mais, sache-le, le seul responsable est là, couché à terre. Nous n'avons fait que le suivre, par faiblesse. Aussi, te voilà vengé. Nous autres, nous allons réparer nos torts en apportant chez toi de l'or, du bronze et des bœufs gras.

— Même si vous me donniez tout ce que vos familles possèdent, ma colère ne s'apaiserait pas, Eurymaque… Votre seul choix à présent est de combattre ou de mourir sans avoir combattu. Mais, croyez-moi, la mort est déjà sur vous !

À ces mots, les prétendants sentent leurs genoux se dérober sous eux. Pourtant Eurymaque reprend la parole :

— Amis, vous avez entendu ? Rien ne pourra retenir sa main impitoyable ! Alors, ne pensons plus qu'à lutter. Glaive nu fondons sur lui.

Tout en parlant, il lève son épée tranchante. Mais Ulysse tire. La flèche entre dans la poitrine d'Eurymaque et se fiche dans le cœur. Lui lâche son épée et tombe en avant ; son souffle se fait court, déjà la froide mort voile ses yeux à jamais.

Alors Ulysse appelle Télémaque et lui demande :

— Cours, va chercher des armes ! J'ai des flèches pour me défendre mais il nous faudra combattre pour ne pas être délogés.

Aussitôt Télémaque s'élance. Il va à la chambre du trésor, en tire deux boucliers, deux épées acérées, deux paires de piques, deux casques à la longue crinière et revient en courant avec son chargement.

Pendant qu'il était seul, le héros a tiré. Et chaque fois qu'une flèche a volé, déchirant l'air en sifflant, un prétendant est tombé en disant adieu pour toujours à la douce lumière du soleil.

Mais à présent les flèches manquent. Alors, revêtant les armes que Télémaque vient d'apporter, Ulysse et son fils s'équipent. Près d'eux apparaît Athéna, pleine d'ardeur et de courroux.

— Ulysse, courage ! dit-elle. Toi qui as combattu sous les murs arrogants de Troie, tu n'as rien à craindre de ces prétendants dont le nombre ne compense pas la faible valeur !

Puis, laissant le combat incertain car elle veut que le père et le fils fassent la preuve de leur bravoure, elle remonte sur l'Olympe.

Les mots de la déesse ont renforcé l'ardeur d'Ulysse. Tel un rapace au bec crochu fondant sur des petits oiseaux, il se jette avec Télémaque sur ceux qui restent des prétendants. Eux courent, se débattent : rien ne peut les sauver, ni bataille ni fuite. Sous les coups répétés du bronze, ils tombent ; la grand-salle retentit du bruit affreux des crânes qui éclatent tandis que d'épais ruisseaux de sang noir coulent sur le sol.

Bientôt il n'en reste pas un debout : tous sont sans vie, couchés en tas sur la terre battue.

Alors Ulysse donne l'ordre aux serviteurs d'emporter les morts, aux servantes de laver le sol à grande eau. Il appelle ensuite Euryclée et lui dit :

— Fais vite brûler du soufre pour chasser de la salle l'air mauvais. Après quoi, va chercher Pénélope.

C'est en débordant de joie que la vieille nourrice monte chez sa maîtresse. Aussitôt qu'elle entre dans ses appartements :

— Lève-toi ! lui crie-t-elle. Viens voir l'objet de tes prières et de tes souhaits. Ulysse est de retour, il est dans le palais !

— Tais-toi donc ! répond la reine. Le grand âge te fait perdre la tête ! Pourquoi me déranges-tu avec tes fausses nouvelles ?

Pourtant, sans perdre un instant, Pénélope se vêt et se pare. En hâte, elle descend dans la grand-salle. Près du feu, Ulysse l'attend. Elle entre, elle hésite : tour à tour, ses yeux reconnaissent son époux et ne le reconnaissent pas.

Télémaque la presse :

— Mère, ne sois pas cruelle. Ton époux est là devant toi, pourquoi ne vas-tu pas auprès de lui ?

Mais elle lui répond :

— Mon fils, la surprise me retient. Mais si c'est vraiment Ulysse, nous nous reconnaîtrons, car nous partageons des secrets que tous les autres ignorent.

S'approchant de l'étranger qu'elle a déjà vu sans le reconnaître, elle demande :

— Vous autres, partez tous ! Je veux lui parler seule à seul. Toi, Euryclée, au cas où ce serait vraiment mon mari qui revient, va dans notre chambre et fais dresser notre lit. Remontes-en le cadre et garnis-le de feutres et de beaux draps moirés.

Or, quand tous sont partis, Ulysse lui dit :

— Femme ! Tu as prononcé des mots qui me torturent ! Qui a déplacé ce lit ? Nul n'aurait pu le faire sans abattre l'arbre qui lui servait de cadre. Ce lit, je l'ai fabriqué sans aucune aide. Au milieu du terrain, un robuste olivier étendait ses branches. Il avait la force d'un pilier. Tout autour j'ai élevé les murs de notre chambre, j'ai mis un toit par-dessus. Puis j'ai coupé les branches, j'ai équarri, raboté, poli cet arbre. J'en ai fait le montant auquel j'ai chevillé le reste du cadre. Enfin, je l'ai incrusté de corne, d'ivoire et d'argent, avant d'y tendre des courroies de cuir rouge. Voilà notre secret. La preuve te suffit-elle, ma femme, toi qui voulais me mettre à l'épreuve ?

En l'entendant, Pénélope sent ses genoux et son cœur qui défaillent. Pleurant, elle s'élance vers lui, passe les bras autour de son cou.

— Pardonne-moi, si, d'abord, je ne t'ai pas fêté. J'avais peur qu'un homme mauvais ne veuille abuser de ma crédulité. Mais je me rends, la preuve est irréfutable.

Ulysse, lui aussi, est pris d'un violent désir de pleurer. Il serre dans ses bras la femme de son cœur, sa fidèle compagne.

Elle est douce aux naufragés la vue de la terre quand Poséidon déchaîne sur eux la tempête ! Avec quel bonheur ils abordent à la côte ! Aussi douce et délicieuse est pour Pénélope la présence de son époux qu'elle étreint de ses bras blancs. Surtout qu'Ulysse, la prenant par les épaules, l'entraîne en disant :

— Viens, allons nous coucher. Il est temps de goûter ensemble aux joies du doux sommeil, comme autrefois.

Petit « qui est qui » des hommes, des dieux, des lieux.

Achéens

Chez Homère, ce sont les Grecs venus d'Europe, adversaires des Troyens. En réalité, ceux que nous appelons des Grecs ne se sont jamais appelés comme ça eux-mêmes. Ce sont des Hellènes, comme leurs ennemis, d'ailleurs.

Achille

Fils de Pélée, le roi des Myrmidons, il vient de Phthie. Sa mère n'est autre que la déesse Thétis, fille de l'Océan. Pour le rendre invulnérable, Thétis a trempé son rejeton dans le Styx quand il était bébé. Mais elle a dû le tenir par un talon qui est devenu son seul point faible. Le Destin a donné le choix à Achille entre une longue vie tranquille et une gloire qu'il faut payer en mourant jeune. Il choisit la gloire et périra d'une flèche décochée par Pâris Alexandre… au talon.

Agamemnon

Roi d'Argos, il est fils d'Atrée et frère de Ménélas. Comme c'est lui qui a le plus contribué en hommes et en navires à l'expédition contre Troie, il en est devenu le chef – un chef contesté à l'occasion. Il est l'époux de Clytemnestre qui le trucidera à son retour chez lui.

Ajax (le grand)

Il commande le contingent venu de Salamine. Après Achille, c'est le plus redoutable des guerriers grecs. Il est vrai que sa stature et sa force colossales l'aident beaucoup. Après la prise de Troie, les Grecs décident de donner les armes d'Achille au combattant le plus valeureux. C'est Ulysse qui gagne, à cause du cheval qui a causé la perte de la ville. Sous le coup de la désillusion, Ajax devient fou furieux et se suicide.

Ajax (le petit)

Il est le chef des Locriens, un peuple qui habite au nord d'Athènes, en face de l'Eubée. Après la guerre, il fait naufrage en rentrant chez lui mais Athéna le sauve. Il se vante alors d'avoir échappé à son Destin. Poséidon ne supporte pas son impiété et l'engloutit en même temps que le rocher où il a trouvé refuge.

Aphrodite

Fille de Zeus et de Dionée, elle a épousé Héphaïstos qu'elle trompe abondamment. Normal pour une déesse de l'amour. C'est elle que Pâris choisit lors du concours de beauté qui l'oppose à Héra et Athéna. Pour le récompenser, elle lui permet de séduire Hélène, l'épouse de Ménélas. Elle est donc une des principales responsables de la guerre de Troie.

Elle soutient, évidemment, les Troyens.

Apollon

Fils de Zeus, il est le dieu de la beauté et des arts mais c'est aussi un rude guerrier : son arc est redoutable. Et comme il est aussi en charge de la santé, il lui arrive de remplacer les flèches par la peste. L'injure faite à son prêtre, le Thébain Chrysès, l'amène à se ranger du côté des Troyens.

Athéna

Fille de Zeus, elle est sortie tout armée de son crâne. C'est dire qu'elle est à la fois une femme de tête et une guerrière. Parmi les Immortels, elle est celle qui s'intéresse le plus aux affaires des humains. Comme Pâris l'a dédaignée lors du concours de beauté qui l'opposait à Héra et Aphrodite, elle soutient les Grecs. Elle a une faiblesse marquée pour Ulysse qu'elle assiste tout au long de l'Odyssée.

Atride

Surnom donné à l'un ou l'autre des fils du roi Atrée, c'est-à-dire Agamemnon ou Ménélas.

Calypso

En compagnie d'autres nymphes, elle habite l'île d'Ogygie qui devait se situer du côté du détroit de Gibraltar. Chez elle, le temps se passe à filer et à tisser en chantant. On comprend que pendant sept ans, Ulysse s'y soit considérablement embêté.

Circé

Établie sur la côte, quelque part au nord de Gaète, en Italie, elle est la fille du Soleil. Elle pratique la magie avec maestria. Sa marotte est de transformer les êtres humains qui l'approchent en animaux.

Éole

Roi des vents, il habite avec sa famille l'actuel Stromboli, dans les îles Lipari qu'on appelle aussi îles Éoliennes. Comme il est le fils de Poséidon, il sera ensuite considéré comme un dieu.

Hadès

Fils de Chronos et frère de Zeus et de Poséidon, il a reçu l'enfer en héritage. Son nom signifie l'invisible. Avec son épouse Perséphone, il règne sur le séjour des morts, les Enfers. Son royaume souterrain est délimité par quatre fleuves dont les plus importants sont le Styx et l'Achéron. Le passage qui permettait de faire communiquer le monde des morts et celui des vivants devait se situer dans les parages du Vésuve.

Hector

Fils de Priam et d'Hécube, il est l'époux d'Andromaque et le père d'Astyanax. C'est le plus valeureux des combattants troyens. La fidèle protection d'Apollon ne lui suffira pas pour sortir indemne de la guerre : il est tué en combat singulier par Achille après une longue poursuite.

Héphaïstos

Il est le fils d'Héra qui l'a conçu toute seule. Pas gâté par la nature – il est gros, laid et boiteux – il forme avec la frivole Aphrodite un couple assez mal assorti. Dieu du feu qui sert à transformer les métaux, c'est un forgeron hors pair.

Héra

Fille de Chronos et épouse de Zeus, son demi-frère. À l'époque homérique, elle est encore la véritable patronne de l'Olympe. C'est la déesse du mariage et de la famille qui, dans la société aristocratique de l'époque, est la base du pouvoir. Elle soutient les Grecs parce que Pâris lui a préféré Aphrodite.

Hermès

Fils de Zeus et de Maia, il porte les messages des Immortels, conduit les voyageurs et les protège. C'est un dieu sympathique qui se chargera volontiers de conduire les âmes des défunts à leur dernier séjour et même de parrainer les voleurs. Il possède des sandales munies de petites ailes, pour aller plus vite.

Iris

Déesse ailée, elle sert de messagère, en particulier à ses consœurs déesses. Elle se manifeste sous l'aspect d'un arc-en-ciel.

Ithaque

C'est la patrie d'Ulysse, l'île où se trouve son palais. Au total, son royaume compte en plus trois autres îles voisines, visiblement plus riches qu'Ithaque elle-même. Homère le situe au large de la côte ouest de la Grèce, au nord du golfe de Corinthe.

Ménélas

Frère d'Agamemnon et roi de Sparte. Il est l'époux de la « belle » Hélène que Pâris Alexandre a séduite et enlevée avec la complicité d'Aphrodite. Officiellement, c'est pour reprendre la fugueuse qu'est déclenchée la guerre de Troie. Après la fin du conflit, il rentrera à Sparte mener une existence bien tranquille… avec Hélène.

Nausicaa

Fille du roi de Phéacie, l'actuelle Corfou. Elle est très jolie et très jeune quoique déjà bonne à marier (à l'époque, on marie les filles à 14 ou 15 ans, parfois avant). Il est probable qu'elle est un peu amoureuse d'Ulysse, en secret.

Nestor

Roi d'Argos, sur la côte ouest de l'actuel Péloponnèse. C'est un vieil homme à la réputation de sagesse solidement établie. Après la guerre, il rentrera chez lui et retrouvera son trône sans encombre.

Pâris Alexandre

La devise de ce fils de Priam pourrait être : « Faites l'amour, pas la guerre. » Grand amateur de femmes, il est désigné pour arbitrer un concours de beauté qui oppose Héra, Athéna et Aphrodite. Il choisit cette dernière qui lui promet, en échange, l'amour d'Hélène, par ailleurs épouse de Ménélas. D'où la guerre. C'est lui aussi qui tue Achille, mais de façon pas très glorieuse : une flèche empoisonnée au talon.

Patrocle

Compatriote et ami d'enfance d'Achille. Ce dernier lui voue une amitié sans faille et compte sur lui pour le remplacer auprès de son fils, après sa mort qui doit survenir devant

Troie. La mort de Patrocle, tué par Hector, va changer ces plans.

Pénélope

Fille d'Icare, elle a épousé Ulysse juste avant son départ pour Troie. Quand il la laisse seule, elle est enceinte de leur fils, Télémaque. Très convoitée par la jeunesse dorée d'Ithaque qui la considère comme un bon parti, elle lanterne les prétendants en leur faisant attendre qu'elle ait fini son ouvrage – mais elle défait la nuit ce qu'elle a fait le jour. Après vingt ans d'attente, elle voit enfin revenir son époux bien aimé.

Perséphone

Fille de Zeus et de Déméter, elle a été enlevée par son oncle Hadès qui en est tombé amoureux. Sommé de rendre la jeune déesse à sa mère, le dieu des Enfers finit par obtenir de la garder près de lui une moitié de l'année. Le reste du temps, Perséphone résidera dans le monde d'En-haut.

Phthie

Région de l'actuelle Grèce, au nord d'Athènes, dont sont issus Achille et Patrocle.

Polyphème
Ce géant possède une double particularité : il a un seul œil, rond (cyclope veut dire littéralement œil rond), et il dévore les humains qu'il peut attraper. Il est par ailleurs le fils de Poséidon. En réalité, si on lit entre les lignes, Polyphème n'est autre qu'un volcan, sans doute le Vésuve.

Poséidon
Fils de Chronos, il est le frère de Zeus et d'Hadès. La mer constitue sa part de l'héritage paternel. Dans *L'Iliade* il joue un rôle relativement effacé, en faveur des Troyens. En revanche, il est un des acteurs principaux de *L'Odyssée*. C'est lui qui poursuit Ulysse de sa rancune et l'empêche de revenir en Ithaque. Il en veut à Ulysse de ce qu'il a fait à Polyphème. Le Cyclope l'avait pourtant bien cherché.

Priam
Roi de Troie. Son épouse, Hécube, lui a donné dix-neuf fils, dont Hector et Pâris Alexandre. Il a par ailleurs trente et un autres fils, ce qui n'est pas trop quand on songe aux pertes en vies humaines que cause la guerre. Il sera tué, peut-être par erreur, lors du sac de sa ville.

Sarpédon

Roi des Lyciens, est le fruit des amours de Zeus et de Laodamie, fille du fameux héros Bellérophon.

Thétis

Voir *Achille*.

Tirésias

Le plus célèbre des devins grecs, avec Calchas. Originaire de Thèbes. Rendu aveugle par Athéna ou par Héra (selon les versions), il avait reçu le don de voyance en compensation de sa cécité. Il joue un rôle important dans les mésaventures d'Œdipe.

Troie

Aujourd'hui Hissarlik, une petite ville de Turquie située près du débouché sud du détroit des Dardanelles. Au cours des millénaires plus de dix villes se sont élevées successivement sur ce site. Plusieurs ont été détruites par des incendies synonymes de pillage mais rien ne prouve que l'expédition des Grecs contre Troie a réellement eu lieu. Troie se dresse à une dizaine de kilomètres de la mer : c'est dans la plaine littorale qu'Homère place les affrontements entre les deux camps.

Ulysse

De son vrai nom Odusseus. Roi d'Ithaque, il est bon partout mais n'est nulle part le meilleur sauf en ruses, subterfuges, mensonges adroits, bonnes paroles, etc. Son habileté et son intelligence le sauveront à plusieurs reprises. Favori d'Athéna, il exerce un attrait évident sur les femmes qu'il rencontre.

Zeus

Fils de Chronos, il a pour frères Poséidon et Hadès. Il a reçu le ciel comme part de l'héritage paternel. Époux volage d'Héra, il a beaucoup d'enfants illégitimes. Il réside sur l'Olympe d'où il lui arrive de frapper les humains avec sa foudre. Il passe beaucoup de temps à essayer de préserver la paix entre les dieux, ce qui n'est pas une mince affaire.

Table des matières

Michel Laporte

L'auteur est né en 1950 à Rodez, dans l'Aveyron. Cela fera bientôt vingt ans qu'il se consacre exclusivement à l'écriture.

Outre la suite des aventures de Liao et maître Wen en Castor Poche, il prépare actuellement une trilogie qui aura pour cadre le Moyen-Orient antique, entre Euphrate, Nil et Tigre.

En fait, s'il écrit volontiers pour les jeunes lecteurs, c'est qu'il partage leurs goûts : il aime la mythologie, les contes, les civilisations qui gardent leurs mystères, l'Histoire quand elle pose plus de questions qu'elle ne donne de réponses. Sans parler des histoires policières pour peu qu'elles soient dépaysantes et qu'elles laissent sa part au rêve.

Cet
ouvrage,
le neuf cent
quatre-vingt deuxième
de la collection
CASTOR POCHE
a été achevé d'imprimer
sur les presses de l'imprimerie
Maury-Imprimeur
Malesherbes - France
en Septembre 2008

Dépôt légal : août 2004.
N° d'édition : L.01EJENFP2468.B004
Imprimé en France.
ISBN : 978-2-0816-2468-0
ISSN : 0763-4497
Loi N° 49-956 du 16 juillet 1949
sur les publications destinées à la jeunesse